―― 小錢種子變黃金 ――

3年賺千萬 的技術

―――― 宋熹昶◎著　葛瑞絲◎譯 ――――

有錢人教你「通往財富自由的關鍵原理與實踐方法」，
高效累積被動收入，翻轉薪貧人生！

讓夢想成真的方法

每個人在童年時期都有過夢想，卻鮮少有人能真正實現。還不懂得人情世故的孩童時期，雖然能自由地描繪夢想，但是成為大人後卻在現實中碰壁，反倒認為無法實現夢想是理所當然的，然後在不瞭解根本原因的情況下過著平凡的生活。也許是為了找藉口，人們常說「命運」、「注定」，也很容易聽到身邊的人「唉唷，這就是我的人生啊！」。

不過，成功的人絕對不會說「命運」或「注定」。「我也是窮過來的」，這樣的話我連一次都沒有說過。講得精確一點，我壓根沒想到那些。因為我確信，我不會停留在貧窮，我能改變我的人生。

我認為想法和意志真的很重要，因為人會按照所描繪的方式來生活。屈服於現實的人過得平庸，嚮往更高處、不安於現狀的人則能成功。這是根據我實際的經驗而說的。

我從小家境清寒，成績也沒有很好。在非首都圈的地方念完大學後，找不到工作，人生非常平庸。我的起始點就是這樣

的低點，然而，現在的我卻獲得了了不起的成功。

　　現在光憑我持有的房地產，每個月租賃收入就相當於大企業科長的年薪，而且我經營的創業體超過八個以上，目前成績相當亮眼，每個月也都可以從其中拿到豐厚的收益。

　　你覺得是因為我運氣好嗎？

　　還是因為我有什麼特別的能力嗎？

　　這個嘛……相信你在讀這本書的時候就知道，我是非常平凡的人，而你也會知道，只要瞭解方法，任何人都能成為有錢人。不僅是我，我教過無數起始點很平凡的學生，他們也都變成了有錢人。所以絕對不能說這是憑運氣。

　　在這世界上不可能單靠運氣。在人身上沒有什麼被定下的命運。人只要多努力一點就能美夢成真，但大多數的人卻因為不瞭解這點，所以連努力都不努力，只是困在現實中。

　　這麼說來，究竟為什麼大部分的人都無法達成自己的夢想呢？因為大部分人的人根本不覺得自己可以達成夢想。其實只要下定決心認為「我做得到」，就會持續努力並做好相關的準備，但一般人從一開始就只是茫然地覺得「我應該爬不上去」，所以根本連要爬樹的決心都沒有。

　　人從出生起到長大成人前都在改變。意思就是，大家一生下來都是嬰兒，卻會隨著出生在何種環境而成長為完全不同特質的人。

可能會有人反問我是不是只要會念書就能成功。看看你身邊的人吧！這個世界到處都是會念書卻沒有成功的人。另一方面，有很多人不會念書卻成功了。因此絕對不能說成功的基準是念書。

　　我從小就很想知道，為什麼有人能成功、有些人無法成功。就算我已經是一個大人，身邊還是沒有任何一個人能徹底解開我的疑問、給我一個痛快的答案。以某方面來說，找不到答案是理所當然的。因為這疑問只有親身賺大錢或是成功的人才能回答，而當時我身邊並沒有這樣的人。

　　我真的花了很多時間尋找成功的方法。如果我身邊有成功人士，我就會問她們：「如何才能像您這樣成功呢？」如果我照著有錢人的回答去做，就能更快成功、成為有錢人，不需要經歷好幾次的嘗試與失敗。可是，自從我瞭解方法之後，每一次的目標都在三年內達成。

　　這「三年的期間」的法則不只適用於我。在我變成有錢人之後也告訴許多人這個方法，他們改善自己生活的時間平均也是三年內。

　　從2008年開始開辦社團到現在，我經營了很長的時間，栽培出很多成功人士，在這過程中我更確信這方法是有效的。現在我打算透過這本書完整的介紹如何成功？成為有錢人的方法。對於像過去的我一樣真的很努力生活、迫切想成為有錢人

的人，可以期待這本書將改變您的人生。

其實成功不是遙不可及、也不是非常困難的事。不管目前你處在什麼位置、一直以來過著怎麼樣的生活，這些都不重要。任何人只要三年的期間，好好把握其中的過程，就能從平凡的人生中致富。雖然現在的你一無所有，但現在起，好好思考該如何改變自己的人生。

到底要讀幾本書才能成功？

如果想要變成有錢人，最快且最正確的方法就是直接跟有錢人學習賺錢的技巧以及他是如何看待事情的。不過，很可惜的是，我們的身邊也不容易遇到有錢人，所以才要讀成功有錢人所撰寫的書。

當我下定決心要成為有錢人時，一開始也是從暢銷書、受大家推崇的書開始讀起。書名看起來似乎真的有那麼一回事，好像可以學到很多東西，但是我全都讀完後，往往都是覺得書本內容很貧乏。要不然就是因為太過久遠或是屬於國外的狀況，運用在現今狀況時會遇到障礙。當然我的確從書本上得到很多智慧，不過還是沒有找到一本書能痛快地一次填滿我對成為有錢人方法的渴望。

在讀許多書的過程中，我覺得我就像在拼一幅巨大的拼圖，一塊、一塊地嘗試。讀完第一本書後理解資本主義市場，

讀第二本書理解關於金錢的知識，讀另一本書時理解大眾心理和協商。除此之外，我看完許多書之後，瞭解資本主義巨富們的思維，也瞭解投資原則等等。儘管像我這樣逐漸描繪出巨大的圖像，但在看不到任何成果的狀況下，只是眼前的書堆得越來越高，我便心想：「到底一輩子要讀幾本書才能成功？」

最後當我達成目標後回頭看，我領悟到，目前為止的閱讀並不是非常有效率，我只是一直在原地打轉。而且，我讀過的書當中有些書反而讓我的思緒變得模糊。結論就是，大量閱讀市面上的書籍不代表能累積智慧。以我的經驗來看，反覆閱讀好書反而比大量閱讀更能消化，轉化為自己的知識，效率好上許多，結果也更好。

於是，當時我下定決心，如果哪天我成功後要寫書，我一定要寫出一本從學習方法到實踐技巧全都一網打盡的書，讓讀者只要讀一本就夠了。以某種角度來說，這本書濃縮了我到目前為止讀過的所有書的精華和生活經驗。

回想起過去迫切想成為有錢人的那個年輕的宋事務長，我想把這本相當於人生禮物的書拿給他，對他說：「只要照著做就行了。」所以我絕不是以隨便的心態來寫這本書，是我寫了又改、寫了又改，耗費漫長的時間寫完的（坦白來說，我從十年前就開始寫初稿了）。我希望這本書能成為大學生、社會新鮮人、家庭主婦，甚至是既有的投資者的人生指南。我懷抱著這

樣的期盼寫下這本書，雖然這本書任何人都能輕鬆閱讀，但絕對不隨便，希望這本書能成為您一生中反覆拿出來閱讀的書。

在自由市場成為有錢人的方法

原本這本書的書名是「賺錢是最簡單的」。其實連封面都製作完了，我是非常慎重地決定這個書名的。2004年有本名為《念書是最簡單的》（譯注：台灣未出版）的書出版，我是受到這本書書名的啟發才取了這個書名。當時這本書在許多考生中廣為流傳，作者講述自己從一個工讀生變成首爾大學榜首的過程，他的故事非常有名。我覺得只有首爾大學榜首才有資格說念書很簡單，就像這樣，如果不是輕鬆地賺大錢，就不能使用這個書名。不過有很多人建議我更改，他們說這樣的書名太有爭議性，所以長時間考慮後，最終決定以《3年賺千萬的技術》作為這本書名。

究竟是簡單到什麼程度，我才會覺得賺錢很簡單呢？如果能達到想賺多少錢就賺多少錢的程度，就會認為「賺錢真簡單」。意思就是，我決定要賺多少就能賺多少。

目前為止，舉凡我經手的投資或各種創業，每項都拿到最亮眼的成績。只要我決定了，無論是什麼，結果都相當出色。其實，不知道從什麼時候開始，我已經不再追著錢，而是錢自

動跟過來。我還是初學者的時候也無法理解「不能追著錢跑」是什麼意思。不過經驗累積更多、成為更厲害的賺錢高手後，我理解到其中的真諦。因為滿足了人們的需求，所以財富會自動跟過來。

所謂「滿足人們的需求」指的是「看穿人的心理」。只要能預測如何讓人心改變、會如何改變，這樣就行了。到達這種程度就會覺得賺錢很容易。

我在學生時代讀完「許生傳」（韓國文學作品）之後受到的震撼到現在還無法忘懷。雖然那只是虛構的人物，但我覺得身無分文的書生許生借了錢買水果和馬尾後，就在一夕之間致富，這能力既神奇又令人羨慕。我很想擁有那樣的能力，我認為如果能掌握市場需求、看穿大眾的心理，賺錢就沒那麼難了。儘管那是一本小說，但內容並非虛構，是現實中確實可能發生的。

還記得「醃魚阿嬤」靠賣醃魚就賺進數十億韓元，然後把存款全都捐給大學的事情嗎？阿嬤只有國小教育水準，卻靠賣醃魚賺到一大筆錢。阿嬤跟一般醃魚店的販售型態一樣，都是向批發商買入後以零售價格賣出，但阿嬤卻有能賺大錢的獨門技巧。那技巧就是，當醃魚的主要材料蝦子、小魚乾捕獲量過高、市價低廉時，她就盡可能大量買進，等到捕獲量不多、市

價上漲時，就拿到市場上賣出，這樣的操作讓她獲取非常大的利潤。醃魚可以放很久，所以這種單純（？）的方法相當有效。儘管醃製盛期的需求量是固定的，阿嬤卻憑著數十年來做生意的經驗知道什麼時候會因為供給增加造成價格下跌、什麼時候會因為供給減縮造成價格上漲。就像這樣，光是摸透資本主義市場上的一個項目也能感受到賺錢很容易。

　　以我的經驗變成有錢人的方法大致上有兩種。第一是房地產，第二是創業。房地產和創業的共同點就是，當供給不足或需求增加時，價格就會上漲。所有房地產和創業都是以同樣的原理賺錢的。這本書將會告訴你如何透過房地產和創業的這種原理致富，讓你從平凡的生活中脫離出來。我認為，只要理解這本書的內容，並──消化，轉化為自己的知識，就會發現自己已經在朝向有錢人的路上邁開一大步了。

作者序

Chapter 1　要改變想法才能改變人生

Chapter 3　三年內成為有錢人

Chapter 4　透過創業快十倍成為有錢人

Chapter 5　成為有錢人的最終必殺技

後記

要改變想法
才能改變人生

先改變想法吧！

01 ————
所以，你的人生產生改變了嗎？

在某個風和日麗的一天，我和大學朋友有約，當我前往約定地點時，偶然經過童年時就讀的國小。我看看手錶，發現時間還很夠，我突然很好奇小學時期走過的街道現在變得如何，於是我把車停在路旁，開始步行過去。熟悉的街道映入眼簾的瞬間，四十五歲的我就像搭著時光機回到三十年前一樣。走在每天必經的路上時，覺得那條路格外熟悉。

走著走著腦海中浮現出過往的回憶，然後發現了一個相當醒目的老舊招牌，雖然已經過了漫長的歲月，但我看一眼就認出來了，那是我小時候曾被吸引過去的文具店，就像麻雀會被米店吸引進去一樣。招牌還是跟以前一樣。轉眼間已經過了三十年，我很興奮也很好奇現在裡面究竟變得如何。

由於我從小出生在經濟非常拮据的家庭，從來沒有在文具店隨心所欲買東西的經驗。只會買學校規定非買不可的東西，每次放學的時候，就是在一旁看著同學們在文具店前面挑東挑西或是玩遊戲機。

進去文具店的瞬間，我被一種奇妙的氣氛包圍著。以前的

老闆叔叔現在已經是滿頭白髮的老人了，除此之外其他竟然都沒變。我記得老闆有一邊的手臂不太方便，因此就算他已經滿頭白髮，我還是一眼就能認出來。讓我更覺得這一幕就像電影場景：所有的背景都是一樣的，只有老闆扮成老人了。

「你要買什麼嗎？」

當我陷入在神奇的情緒裡四處環顧時，老闆走過來問了我。他似乎不記得我了。當然啊！已經過了這麼久了。不過，我很珍惜過了這麼多年依然維持原樣的文具店。我買了兒子上學要用的東西：兩盒色鉛筆。

從文具店出來後，我再往文具店後面走，那是另一間充滿不同回憶的麵店。這裡也像電影場景一樣，只有迎面而來的阿姨變成了老奶奶。

說得準確一點，我在同樣的地點、同樣的店家跟三十年前的文具店叔叔和麵店阿姨重逢，這確實是讓我非常開心的事。但另一方面，我也感到惋惜。

我小時候真的很**窮**，直到我大學畢業，我們家都還是很**窮**。我們家在那時候連一間房子都沒有，我覺得一輩子可能都要到處租房子住。而且還是住在租金最便宜的地區。

因為家境不好，所以年紀很小的時候就什麼都要忍耐。就算有想吃的東西、想穿的衣服、想買的玩具都只能藏在心裡。我記得一直到大學畢業，我幾乎沒做過自己真正想做的事，我

很清楚自己過著比一般人還更貧窮的生活。我真的很討厭貧窮就像標籤一樣跟著我，所以，一直以來我都為了擺脫貧窮而使出全力、只看著前方拚命奔跑。

我之所以會一直在意且忘不了剛剛在國小附近看到的文具店叔叔和麵店阿姨的臉，是因為看著他們的臉，浮現的是我那時貧窮的樣子。過去不知道怎麼變成有錢人，就算我縮短睡眠時間，比任何人都更拚命工作，盡可能省了又省，依然總是貧窮又窘迫。

我比朋友更早抵達約定的地點，一邊回想童年一邊沉思，連朋友已經坐在我前面我也沒發現。

「你在想什麼想得這麼入神？」

「我剛剛過來這裡的時候稍微繞到以前小時候住的社區，那裡一點都沒變。所以我的心情真的很複雜。」

「大家都是這樣啊！又不是什麼不得了的事。如果現在回去看我以前住的地方，應該都還是跟以前一樣吧？」

「可是這幾年來我變很多啊！我的生活變了這麼多，那裡卻一點都沒變……」

過去那麼貧窮的我，現在成了經營好幾間公司的CEO，過去窮到什麼都做不了的我，現在就算不工作，每個月租賃收入都超過大企業科長的年薪。而且現在的我被稱為白手起家創業者、成功的投資者。想跟我學習變成有錢人的方法、邀請我演講的人總是大排長龍；聽了我的演講後擺脫平凡的生活、成為

有錢人的人也是多到數不清。回顧我的童年，會發現在我身上產生了難以想像的巨大變化。

我告訴他，我在路上偶然遇到文具店叔叔和麵店阿姨後開始深入思考。

他說：「是因為你很特別啊！那文具店的叔叔和麵店阿姨都是跟我一樣的普通人啊！」

我很特別？要好的朋友說了這句話之後，我瞬間語塞。我從來不覺得我很特別。我以為到目前為止我所做的事情任何人都可以做到的。別人都知道，只是沒有行動才沒做到罷了。

我累積這麼多財富後才發現，我過去沒料想到也沒發現，原來在我窮困的童年時期只要稍微改變想法就能輕易得到這一切。我當時以為只要努力就行了。然而，我現在知道了，光靠努力無法改變平凡的生活。就算像文具店叔叔和麵店阿姨這樣在同一個地方從早晨工作到深夜，做了數十年也是一樣。

如果有人覺得現在自己比任何人都更努力生活，那麼我想問你一個問題：

「你覺得像你現在這樣繼續努力下去，要到什麼時候才能改變你的生活呢？」

很可惜的是，不可能。在資本主義市場上，不會單憑努力就能改變生活。到目前為止你不都充分經歷過了嗎？看看身邊的人也會知道，大家都汗流浹背地努力了超過三四十年，但還是有很多人過著跟以前一樣的生活。大部分的普通人都覺得省

吃儉用、努力工作就是正確答案，不過，真正的有錢人都不是這樣想的。

若想擺脫現在的生活、過著有錢人的生活，首先要先學習變成有錢人的方法。其次才是努力。首先要摸透能改變自己人生的方法，再來就是按照那方法實行，只有這樣才能改變現在的生活、感受到經濟上的富裕。

然而，在這裡有個致命的問題點。知道方法後只要努力就行了，但大部分的人都覺得自己不可能變成有錢人。別說想要成為多厲害的有錢人了，大家根本無法想像自己變成有錢人，只是感歎自己目前的生活。

如果想要變成有錢人，就要翻轉自己根深蒂固的平凡想法。只有這樣才能從現在的生活邁向經濟自由的人生。

┤ ＼ **致富小技術 ⓵** ├─

很可惜的是，這世界不是單靠努力就能變成有錢人。

如果持續做著現在的工作十年、二十年，卻無法畫出精彩的未來藍圖，那麼就要打聽其它能改變人生的方法。

02 ——
如果你的夢想
是財富自由

　　「我想達到財富自由。不管新聞上報導國際油價是漲還是跌，我都希望能毫不擔心地把油裝滿，然後開車出去玩；就算看到各種費用或物價的新聞，我還是能夠想買什麼就買什麼，不用煩惱。而且我是一個吃貨，如果在餐廳裡看到我想吃的東西，不管多貴，我都希望能不受價格限制，隨心所欲點想吃的套餐來吃。」

　　如果你對這段話很有共鳴，表示你也想變成有錢人。這是我在夜店工作存「種子基金」時寫在日記裡的一段話。在我第一本書的修訂版中有提過，一開始我寫在書上時，是說「這是從某個平凡的家庭主婦日記中摘錄出來的一段話」。寫第一本書時，不知道為什麼覺得公開自己的日記很丟臉。不過，這段寫在日記上的話卻引起很多人的共鳴，看到大家的反應後，讓我再次體會到「原來大家都想過這種生活」。寫日記的那個當下，我正在學習如何變成有錢人，也正辛辛苦苦地存種子基金。當

時就連五百韓元的飲料，我也買不下手。

寫在日記上的願望，對當時的我來說真的只會出現在夢中。不過，現在來看，真的是非常純樸的目標。希望可以不受金錢制約，想吃什麼就吃什麼、想買什麼就買什麼、想去哪裡玩就盡情去玩。然而，這是所有人只要努力就充分能做到的。

雖然錢也是問題，但我最想要的是不被時間限制的生活。仔細想想，不就是這樣嗎？無論你想過哪種生活都需要錢，但是在那之前也需要能享受那一切的時間。不管錢再怎麼多，如果沒有時間花錢，又有什麼用？為了能只做我想做的事，需要「時間」和「錢」，缺一不可。也就是說，真正的有錢人是指擁有時間和金錢的人。

「宋事務長認為什麼是財富自由呢？」

某天媒體採訪時，記者私下問我這個問題。

「我認為所謂達到財富自由的時候就是，就算你不工作，每個月還是會收到比你的薪水更多的錢，不會影響你基本的食衣住行和休閒娛樂的開銷。該花的錢都花了之後，時間上和物質上還是能充裕地享受休閒娛樂，不會有任何限制。」

「嗯……您說的比我想得更樸實。我一直以為有錢人就是達到財富自由。」

「財富自由的概念，每個人都有不同的定義。我只是沒有定義達到財富自由就是有錢人了。我常說如果你的被動收入達到

了工作的薪水，也就是說就算不工作也能得到付出勞力時那種程度的收入，就表示達到了財富自由的狀態，這是通往有錢人的第一步。因為從這時開始累積財富的速度才會增加。」

「如何讓累積財富的速度增加呢？」

「如果你不用親自付出勞力也不會造成支付每個月必要支出的阻礙，那麼就表示自己能運用的時間增加了。以前都是忙著為了別人工作賺錢、沒有自己的時間，但從現在開始不用再這麼做了。如果把那些多出來的時間實踐我教的『變成有錢人的方法』，錢就會急遽增加。」

「變成有錢人的方法？宋事務長教的方法是什麼？我真的很想知道。」

「先說結論，就是讓錢滾錢的方法。」

很多人都想達到財富自由，而且大家認為只要進入那階段，就能比現在更幸福，可是卻不知道如何累積財富、如何變成有錢人，所以根本沒有嘗試，只是當成一種茫然的夢想。

之後我還是會繼續提到，不過重點就是要從轉換想法開始，要相信自己能「擺脫現在的生活、走向有錢人的路」。走向有錢人的第一階段就是財富自由，為了達到這階段，首先要改變既有的想法，然後要創造被動收入，建構自己不付出勞力、每個月也能獲取收入的體系。當你的被動收入夠多，也就是每個月的收入比上班薪水更多的那個瞬間，就達到財富自由的階段。

對了，在這裡還要再說明一件事。本書中提到的「有錢人」不是指全球前幾名的富豪，那種擁有天文數字的財富或是掌控大企業集團的人。大富豪是天生的，但相較之下有一點點錢的人是只要憑靠努力就充分能做到的。這裡提到的有錢人是任何人都能變成的有一點點錢的人，也就是就算「不親自付出勞力」，每個月的被動收入也能達到上班族年薪的有錢人。到達這種程度時，就算盡情花錢、享受生活也不會有後顧之憂，所以大可放心。如果賺得錢比這些更多，就會開始不放心，因此希望你至少能達到這種程度。只要升上這階段，在這之後要累積更多的財富就相對輕鬆許多。

無論何事，如果覺得很難就會很難，如果覺得很簡單就會變得簡單。回顧我從一無所有到實際上變成有錢人的經歷，還有許多平凡人變成有錢人的經驗，我發現能不能變成有錢人，在於「想法」和「意志」而非自己的「能力」。因此，請牢牢記住，你現在之所以在這個位置上，不是因為你的能力差，而是因為你覺得成功很難，提早害怕而放棄，或是根本沒有嘗試過。

┤ **✎ 致富小技術 ⑫** ├

何謂財富自由？

就是能隨心所欲分配金錢和時間的狀態，是通往有錢人的第一階段。

能不能變成有錢人取決於你的想法和意志。

03 ————
如果想變成有錢人
首先要改變想法

從小，我想要賺大錢的渴望就比別人還更迫切。不過，任何地方都沒有人告訴我賺錢的方法。我無法從貧窮的爸爸身上學到，如果跟身邊的人提到這些，他們的反應就是公開談論錢是壞事，這些就像是告訴我禁止「談錢」一樣。在這樣的氣氛之下，我也是從小學到高中都只把考上好大學當成目標，讀大學的時候就只把找到好工作當成人生目標。

一般人的人生故事都是大學畢業後找工作、結婚生子之後養小孩，配合公司的薪水精打細算地過日子，然後省吃儉用預備退休生活。我身邊所有人都是這樣，當時連我也覺得這就是正確答案。

不過，很幸運（？）的是，對我而言這種平順的生活沒有保障。由於我實在太窮了，無法像平凡人一樣生活。這似乎因此讓我更想早日變成有錢人。

也許對於沒有特別努力就度過平凡生活的你，不會有什麼事情讓你強烈地下定決心要擺脫平凡。然而，我認為這本書將

會成為你的契機。

某天我在看電子郵件的信時，注意到了一封信。

「宋事務長您好，我是正在上您的課的學生。其實我有個很大的煩惱，從來沒有跟別人說過。

我現在四十歲，是家庭醫學科的醫生。我租了一個店面，經營個人診所。我生長於所謂的醫生世家，所以很理所當然地認為我就是要開診所。不過最近開始後悔，不知道這樣的生活對不對。

當然光看收入，確實過得比別人更富裕。不過，我連自己的時間都沒有，就算努力工作賺錢也不覺得自己能變成有錢人。如果要賺到比現在更多的錢，就意味著只能比現在投資更多時間。

但是當我向別人提到這些，他們都會覺得我是在炫耀，他們會說『那你跟我換工作啊？你要是隨便跟別人講這種話就死定了。你全家都是醫生有什麼好擔心的？』因為大家都是這種反應，使得我沒辦法放心對別人說出我的內心話。我家講好聽一點是醫生世家，但如果不是什麼開大醫院的院長，我也是個平凡的上班族，只是稱謂是『醫生』罷了。

我一直以來會的只有讀書。除了讀書和工作以外，根本不知道關於錢的事情。像我這樣的人也能變成有錢人嗎？」

就像這樣，大家都會認為自己在成長過程的所見所聞就是正確答案，然後在這框架內設定目標。家裡如果有很多醫生，就會覺得兒女當醫生是正確答案；父母如果是藝人，就也會讓兒女成為星二代；運動選手的孩子往往也會選擇當運動選手，原因就是在此。子女從小開始自然而然地認為過著跟父母一樣的生活就是正確答案。學校的教育也是這樣，不會教導社會是怎麼運作、讓學生自己選擇，也不會教導學生該如何自己解決問題，而是先告訴你如何順應社會。雖然看不見，但是師長都會先畫好一條指定的路，要你沿著那條路走。

導致許多人就像上面這位寄信給我的這位學生一樣，儘管擁有人人稱羨的職業，卻後悔自己太晚才明白，說這不是自己要的生活。

現在應該要知道，並不是因為許多人選擇那條路就代表那是所有人的正確答案。

我簡短地寫了幾句話回覆給他：

「無論是誰，只要改變想法並且努力變成有錢人，就都能變成有錢人。透過勞力賺錢是有限的。因為投入我的勞力賺來的錢只不過是用我的時間換來的錢，而時間是有限的。

請先將目標放在每天都要得到除了勞力所得以外的金流。若以此為目標，然後持續按照我之後告訴你的方法努力不懈地

實踐來創造被動收入，這樣馬上就能進入相當富裕的有錢人的道路。

能不能變成有錢人並不是取決於能力高低。如果先轉換你的想法，認為你能變成有錢人，然後按照那想法持之以恆地前進，讓這強而有力的精神成為你的後盾，就一定能享受富裕的生活。○○○重新出發吧！我會為你加油的。」

後來這位學生按照我的建議——學完投資，過沒多久就聽說他買到了一間店面，而我也從他口中聽到我想聽的話。

「宋事務長，我的心變得很輕鬆，連以前覺得很無聊的醫院工作也都能樂在其中！」

就像這樣，我想要透過這本書改變你既有的貧困思維和固定觀念。重點不是立刻學到賺錢的技術，而是要先改變成有錢人的思考模式，其次才是學習賺錢的技術並加以結合。別忘了，若不具備有錢人的心態，不管學到再好的技術也無法變成有錢人。

┤ ✎ **致富小技術 03** ├
為了變成有錢人，要先建構除了付出勞力以外的金流體系。

我在夜店工作的日子

　　我跟其他學生沒什麼不同，我在非首都圈一處極為平凡的社區大學讀完四年，那時也是忙著準備就業，無暇管別的事。越是逼近要出社會賺錢的時間點時，我的害怕多於期待。因為我對於自己具備了什麼、在許多求職者當中我的位置在哪裡，以及該多具備什麼才能打開就業的大門，完全一無所知。

　　我參考比我先成功就業的學長姊意見後，還是不知道為什麼需要各種證書以及履歷上必備的多益成績，也不知道自己的優勢在哪裡，所以對於要準備英文會話、累積資歷等都沒有概念，就只是單純地想著要找工作。

　　雖然我就讀的是非首都圈大學，但學分成績是3.8（譯注：韓國大學分為A、B、C、D、E，A是4分，依序0.5分遞減），我覺得這種程度還不錯，多益也考到八百多分，在理工科的學生當中成績並不差，所以我心中的期待很大（因為有些學長姊成績比我還

差，也能進到非常不錯的公司）。

　　我想像自己在陽光明媚的早晨，穿上乾淨的西裝，走在氣派的大樓叢林中間上班的樣子，於是我傾注心血撰寫履歷表和自我介紹後，提交給二十多間公司，滿心期待公司的回覆。

．

．

．

　　難道我一直以來都太高估自己了嗎？我就這麼差嗎？這麼多的公司中只有一間打給我，而且還不是我求職的部門。結果相當悲慘。

　　社會比我想的還更冷酷，這些企業先替那些從名牌大學畢業、擁有更卓越資歷的人才開門。全國這麼多求職者當中，不知道到底我排名第幾、什麼時候才會輪到我，或是根本不會輪到我？我覺得他們根本沒有看我花了好幾個月的時間努力下功夫準備的履歷表和自我介紹，就埋沒在辦公室的某個角落了，等待回收。

　　這瞬間我刻骨銘心地感受到我在這社會上是多麼渺小又微弱的存在。隔年二月，因為覺得丟臉而沒有參加畢業典禮。

當時經歷到社會這般的冷酷之後，我依然是個普通的大學生。我覺得求職失敗是因為我英文會話能力不足，我以為只要去國外進修，這一切狀況應該會立刻好轉。

但是，家裡經濟條件不好，如果要去國外進修就得自己存錢。於是我下定決心，只要能支付高薪的工作我都去。

「我要趕快存到能出國的錢、趕快完成進修課程、趕快回來找個好工作。」

在我的腦中只有「趕快」這兩個字迴盪著。一想到同屆的大學同學已經找到工作了，我就非常著急。

結果後來找到的打工是夜店的樂團，每天上台邊彈貝斯、吉他邊唱歌。不僅生活日夜顛倒，還在外租房子住，所以身體有點吃不消，不過第一份薪水有兩百萬韓元，打工報酬相當高。對於一個沒有什麼技術的大學畢業生來說，已經很少有地方能賺到這樣的薪水（其實我投履歷的公司大部分的薪水都比這少得多）。

在首都圈之外、沒有任何親朋好友的地方，我沒有去找任何人，唯有專心學英文和工作。夜店工作結束後是早上五點。我一下班就去英文會話補習班，上完早上的課程後才回家睡覺。我也會趁工作空檔看英文報紙、遮住韓文字幕重看同一部

英文電影，我把我覺得能提升英文會話實力的方法全都用上了，真的很徹底準備出國進修（因為經濟考量，我決定要在六個月內讀完別人讀兩年的書）。

而且，我為了能在最短的時間內存到出國進修的錢，連幾百韓元的飲料都忍住不買，狂灌冷水，當樂團朋友說吃膩了夜店提供的餐點，要外出吃飯，當時我唯一能開心地享用的外面的食物就只有幾千韓元的飯捲。

我真的狠下心來存錢。因為目標很明確，所以做得到。在這樣的生活之下，從我開始工作後，六個月內就存了一千萬韓元。對於一個大學生來說，剛出社會第一次看到存款有一千萬這龐大的金額，這期間的辛苦就像走馬燈一樣閃過我眼前。那瞬間我瞭解錢的珍貴，甚至覺得錢很可愛。

我在夜店工作時的照片

04 ——

現在的職業，根本不重要！

公務員一直以來都排在青少年理想職業的前幾名，不久前有一個統計結果顯示韓國二三十歲的人當中百分之四十四的人都是在準備國家考試，我覺得似乎不需要再多說什麼了。這應該也是受到偏好穩定工作的父母很大的影響（這不是在鄙視公務員，請別誤會）。

這麼多年輕人都在準備國家考試，想當然爾，有人上榜就一定會有人落榜。不過看到他們為了能得到保障退休生活的穩定工作而陷入公職黑洞，花上超過兩三年的時間努力準備一個考試，我真的很心疼。他們當中有很多人就算不是當公務員，也能過上真的很不錯的生活。我覺得如果能在幾年當中，帶著準備考試的意志來學習如何變成有錢人，應該會輕鬆許多。

人生在世，遇見什麼人真的很重要，因為你的人生可能會因此改變。不管那個人是父母（當然最好是父母，但真的很罕見）、是老師、是朋友，如果身邊沒有這樣的人，也可以看書、看YouTube影片還是其他的都無妨，只要能改變你的想法、拓

寬你的視野就行了。

　　能改變封閉想法的東西真的變多了。其實職業在變成有錢人方面不會造成什麼很大的影響。除非是你真的有很想做的工作，否則工作只是一種存「種子基金」的過程、是幫助你走向有錢人道路的手段罷了。因此，不管你現在的職業是什麼都不重要，就算是工讀生也沒關係，在公司裡扮演很小的角色也沒關係，因為我也是在夜店裡存種子基金。

　　只要有明確的目標和信心，做什麼工作哪有那麼重要？

　　就算我回到二十歲，我也會同樣在夜店工作存錢。你問我為什麼嗎？沒有什麼特別的原因，因為那是我能做的事情當中薪水最豐厚的工作。雖然夜店工讀生必須日夜顛倒，一整天在瀰漫煙味的休息室裡待命，但因為我有明確的目標，以及有能成為有錢人的確信，所以這些都沒關係。

　　哪怕只是早一年，要不要試著在更年輕時學習如何變成有錢人呢？如果你因為公務員能保障退休生活、領得到退休金、能在退休年齡退休等好條件而想當公務員，那麼哪有什麼理由不學習變成有錢人呢？

　　只要創造被動收入、變成有錢人，就不分退休年齡了，別說是退休後領退休金，每天都能領退休金。變成有錢人之後不管上不上班，你都能做你想做的事。

　　我真的很擔心，所以再次重申，就算選擇跟一般人不同的

路也能得到更好的成果。有些人明明每次考試都落榜，還是持續在國家考試中拚命，年紀徒增長，卻什麼也沒當成，這樣就只能活得很痛苦。

你打算退休前都領死薪水嗎？還是你要成為讓錢滾錢的有錢人呢？

工作沒有重要到會決定你一輩子。如果想變成有錢人，現在就要從「領退休金的公務員才是最好的」這種平凡思考中找到致富之路。

✎ 致富小技術 04

如果要變成有錢人，只要存種子基金後累積財富就行了。

對於把目標放在變成有錢人的人而言，職業只不過是賺錢的一種手段，並不重要。

迎來人生的轉捩點

存到目標一千萬韓元之後，現在要來設定具體的計畫。我一邊設定出國進修的計畫，一邊開始規劃我往後十年的藍圖。

我二十八歲出國回來，二十九歲找到工作，三十歲結婚。那麼到底我結婚前能存多少薪水呢？又過了一段時間，到三十五歲之後，我必須貸款買房子，從那時候開始又多了一項支付貸款利息的支出。如果有了小孩，又再加上孩子的教育費和生活費的開銷⋯⋯。

我邊規劃未來的生活，邊努力敲打計算機。結果就是，光憑著上班族的死薪水不管再怎麼節省，生活依然都很吃緊，看不到未來。

我這樣規劃往後的十年後發現，以我現在的狀態往後只能度過極為平凡的生活。在具體描繪未來的生活之前，我還多少

有點期待。不過就算我進好公司、省吃儉用地存錢，等待我的只是滾輪般的人生。

我持續反問自己：「那麼你期待看到十年後的你變得如何呢？你真正想要的是什麼？」當我越反問自己，答案就越確實。我最終目標並非在工作上被認定、升遷、加薪，更不是一輩子都在穩定的環境裡工作到退休。我不希望往後，甚至是一輩子都還像過去一樣，只能受金錢的制約。我希望只要我想要的，不管什麼都能做到。沒錯。我真正想要的生活，就是金錢自由、時間自由的生活。

從這天起，非常勤勞的我開始瓦解。因為讓我來非首都圈夜店工作的唯一目的「出國進修」已經消失了。我對於該怎麼做才能過上我想要過的生活感到茫然。目標很明確時，不管再怎麼辛苦都可以笑著工作、任何難關都可以克服，但目標消失的瞬間，活力也消失了。

這段時間我每天都有很多煩惱，某天一位創業的學長到我住的地方來找我。我們在路邊攤喝酒，我向他吐露這段時間我經歷的種種，講了很長一段時間。他聽著聽著就說了一句話：

「看來你真的很想成功耶！對吧？」

「咦？成功？我沒有期待那麼了不起的事。我只是希望十年

後能過著我想要的未來的生活。不過，我算過光憑著上班後能領到的薪水，再怎麼樣也無法過上我想要的生活。」

「你怎麼會只算薪水來規劃人生？那麼你就不要上班，開自己的公司就行了啊！在你準備工作的時間，繼續努力在夜店工作幾年試著存種子基金看看！邊存種子基金邊學賺錢就好了啊！如何？」

雖然是在喝醉的情況下聊天的，但學長的這句話充分能拉出處在黑暗迷途中的我。一直以來我的人生藍圖都只有一輩子要靠公司薪水過活。在那之前，我腦中滿滿都是要省錢才能過上好日子的省錢哲學。

「看來我之前真的是個笨蛋…….」

那天以後完全大改了我的人生藍圖。

05 ————
打破束縛自己想法的框架吧！

　　在我經營的社團裡，每天都會收到許多會員的新消息和文章。我在──瀏覽的過程中，注意到了一篇文章：

　　「我在公家單位上班，先生是名校畢業的，現職是研究員。結婚前，三十歲出頭的時候，夫妻加起來年薪超過一億韓元，所以我滿懷希望地想結婚後應該可以過得很富裕吧！不過實際結婚後，雖然我和先生年薪高達一億韓元，但扣完稅之後，實際拿到的錢不到六百萬韓元，從房屋貸款開始、就學貸款、生活費等，光是活著就要花的錢實在太多了。後來連續生了兩胎，我因為請育嬰假而賺不了錢。

　　我們夫妻完全沒有得到父母的幫助，都是土湯匙（譯注：韓國把家境好壞比喻為金湯匙、銀湯匙、土湯匙）。兩個人真的省了又省才能在一個月內存到兩百萬韓元。想到這點就覺得好辛苦。不久前，我瞞著先生兼差當外送員，先生發現我因此傷到腰後，兩個人抱著痛哭。

　　宋事務長，我的願望是希望至少有一天能放心睡覺，不擔

心錢。我從二十幾歲開始燃燒青春拚命念書才找到我喜歡的工作。我以為找到這工作就理所當然能保障我的財富和名譽。但，別說是財富和名譽了，我常常要工作到凌晨，四年來只有休過一天。懷老大的時候還因為每天加班而早產。

我覺得不管我再怎麼努力工作，連一件可以當作夢想的事情都沒有。我想跟其他人一樣成功、想要變成有錢人。我太貪心了嗎？」

韓國大部分學生念書的目標都是進入人人景仰的好大學。如果沒有在大學入學考試裡拿到滿意的好成績，甚至不會排斥重讀，甚至是重讀三次。這麼想考上好大學的唯一原因就是為了找到「好工作」。換句話說，從小時候到大學畢業前所有的努力可說是為了找到好工作的準備過程，這樣講並不過分。

不過在資本主義社會中，土湯匙的年輕人組成家庭後要過得富裕並不容易。想必大多數經過這段過程的人都會對上述內容非常有共鳴。故事中的那對夫妻，不管再怎麼會念書、找到再怎麼好的工作，還是很難期待在韓國度過富裕的生活。

想要進好公司終究不也是為了能享受富裕的生活嗎？然而實際體驗職場生活就會領悟到「我工作多少」才能賺到多少，意思就是我賺的錢就是我付出勞力換來的。所以沒必要羨慕其他人比你的薪水更高，因為他正為了得到那樣的薪水而付出更多的勞力。因此，如果你沒辦法變出第二個身體，卻想要得到雙

倍薪水，就會比你想的更難、耗費更多的時間。而且，也不是因為有雙倍薪水就表示能成為有錢人。如果不希望你一輩子都要花你的時間、用你的身體賺錢，我希望你能拋下一般人常有的「要過好日子就要找到好工作」的刻板觀念。

除非是韓流明星等級的藝人，要不然在自由市場社會中能變成有錢人的方法只有一個，就是要擁有能讓錢滾錢的能力。只要具備這種能力，就會明白職業根本不重要。具備能讓錢滾錢的能力後，就算公司發的薪水很少，一輩子也能過得很富裕，享受自己想要度過的生活。相反地，如果不知道這方法，不管工作有多好，都是必須一輩子工作的高價勞工。

所以現在你的職業為何並不重要。重要的是，要在你現在的工作中盡可能存下種子基金，然後瞭解讓那筆錢自己滾錢的方法。我也是一樣，就算我在不起眼的夜店樂團打工存錢，也學到了該如何變成有錢人而變成了有錢人。不要忘記，在資本主義社會中只有能讓錢滾錢的人才是金錢真正的主人。

信中那對主角夫妻後來學會了讓錢滾錢的方法，最近告訴我，他們的近況：

「我們兩夫妻在遇到宋事務長的六個月後買了三間房子。先生之前忙著還學貸，忙到懷疑人生，他說遇見宋事務長真是天

大的幸運。最重要的是我們夫妻託您的福，連看世界的眼光都改變了！先生明年會請育嬰假，決定要花幾年的時間全力以赴學習變成有錢人。我已經開始期待我們往後的人生又會變得多麼不一樣。真的很感謝您。」

| ✎ **致富小技術 05** |
要具備能讓錢滾錢的能力。
只有這樣才能成為金錢真正的主人。

任何人都能成為有錢人

06 ─────
你如何規劃自己，
就會活出什麼樣的生活

「你的夢想是什麼呢？」

我跟人們見面的時候都會問這個問題。聽對方的回答就能知道他是什麼樣的人，目標實際又明確的人會說：「我希望能擁有一個店面或房屋，如果每個月租賃收入超過五百萬韓元，我想去哪裡就能去哪裡，我想去全世界各地教導貧窮的孩子們。」他們的回答會像這樣真誠又清楚。而且聽到問題後，不用花很多時間就能回答。

相反地，沒有目標的人就會語塞，或是說：「嗯……我想賺錢。」「（慌慌張張）這個嘛……長大後就從來沒想過了。」要不然就是說些空泛的夢想：「我想要像藝人那樣有一間房子。哈哈～」他們都受到外部環境的影響，無法主導自己的生活，只是接受自己現有的條件。

光看身邊的人也能知道，在這世界上沒有生活目標、隨波逐流地生活的人比你想的還要多更多。這種類型的人共通點就是平常都會說「我很忙！」「我好累！」總是疲憊又有氣無力。

不過，有目標明確的人真的很勤勞，總是充滿能量。如果身邊有這樣的人，你一定會想：「他怎麼能夠都不休息還有那樣的能量？」或者你也可能親自體驗過，當你設定目標後帶著確信，然後一步一步實現夢想，在這過程中就算不休息也不會累，反而會很開心。我說的就是這種體驗。

　　你應該也看過相反的情況，有人說：「平日我都努力工作了，至少週末要休息吧！」然後整個周末都在追劇耍廢。這時一定會覺得更累、更有氣無力，不是嗎？在那麼累、那麼有氣無力的情況下，很難想到要設定新的目標，所以就是一個惡性循環。沒有目的、隨波逐流地生活的人一輩子都只會因這種原因而被枷鎖束縛。

　　很多犧牲週末時間來聽我演講的學生常說：

　　「當有了想要變成有錢人的目標之後，我開始學到東西，也產生自信，很神奇的是，根本不覺得累，還充滿能量！看到自己正在朝著目標前進、犧牲週末時間努力往前衝，我非常自豪，我覺得這種心態讓我變得更勤勞了。」

　　強烈的意志會讓自己的身體更有活力。如果要擁有強烈的意志，就要確信自己能做到，而為了擁有那種確信需要有很明確的目標。

　　「你如何規劃自己，就會活出什麼樣的生活。」

這是我常跟身邊的人說的話，也是簽書的時候一定會寫的句子。因為這句話改變了我的生活，所以希望這句話也能改變別人的生活。

為了能過著有錢人的生活需要有明確的目標，意思就是要有能擺脫平凡生活的目標。不過，設定目標時也有需要注意的部分。一提到要設定目標，大部分的人都只會想到非常遠大的目標，也就是說，大家只會把最終目的當成目標，於是把標準訂得很高，這樣當然很好。不過只是看著遠大目標奔馳時，中間一定會累倒而放棄。

所以在達到最終目標之前，重要的是從小目標開始滾動式調整，只要確定在你依序達成這些小目標後，最後能抵達終點站。因此，在設定最終大目標時，也要一併設定在目前自己的狀態中能憑著努力達成的小目標。

雖然達成小目標的成果跟最終的大目標相比微不足道，但因為你是一步步持續朝著最終目標前進，所以不需要擔心，只要努力不懈地推動就行了。因為生活有目標和沒目標的人，兩者的差異將會隨著時間的推移而大到無法相比。

我的第一輛車子是我花兩百三十萬韓元買的中古TICO（譯注：韓國大宇汽車在1991年到2000年生產的小型車），我在開這台車六年半的時間存了種子基金，同時正在學習如何變成有錢人。那時我就跟過得艱辛的一般人沒兩樣。不過，如果要說我和他們

的唯一差異，那就是夢想。我的夢想跟他們明顯不同，目標也很清楚。

我的夢想就是一定要變成有錢人。沒道理因為現在的我很窮，我的夢想就要很寒酸。我的夢想相當清晰，所以每年都能逐步達成我設定的小目標。這樣過了好幾年後，夢想著成為有錢人的我真的變成有錢人了。

請牢牢記住，必須設定能達成的小目標，這樣結合起來才有可能達成大目標。要把一想到就會讓你心臟怦怦跳的遠大目標當成最終目標，而且也要認真設定小目標，這些小目標必須是現在馬上可以實現，而且所有的成果加起來終究能帶你達成最終目標的。

就算現在你的狀況比別人更差，只要畫出人生大藍圖後，帶著信念一個階段、一個階段地前進，就能在不知不覺間完成一幅好看的大圖。

✎ 致富小技術 06

人會按照所描繪的樣子來生活。

關於學習和存種子基金的目標，都認真設定具體的小目標和最終目標。然後前進吧！

---

07 ————
三年賺千萬的技術

　　你同意一本書會改變一個人這句話嗎？這句話是真的。如果一本書能打破一個人既有的固定觀念、改變他的想法，那麼從那時起，他的人生就開始改變了。我說的也是我自己，我因為在夜店接觸到一本書而改變想法、改變人生。

　　我還在夜店學習變成有錢人的過程中，某次跟大學同學一起聚餐。我提到我的近況，也把我當時在看的書拿給朋友看，問他們：

　　「你們看過這本書嗎？」

　　「喔？我聽過這個書名，這本書很有名耶！如何？」

　　有個朋友說得好像自己很懂的樣子。這本全球暢銷書在當時真的興起很大的旋風，連這個在大學時期都只埋首於唸書、與外界隔絕的朋友都知道。我也是非常有共鳴，所以深入地讀了三次。

　　「我覺得這本書真的很讚耶！我甚至覺得這本書怎麼到現在才出來，太可惜了！看來只要照著上面說的去做，就能變成有

錢人。你們也一定要讀讀看！」

作者的想法非常了不起，現在我依然會介紹這本書給別人，跟大家說這本書改變了我的人生。他帶給當時的我前所未有的衝擊，我甚至因為知道了有能這樣賺錢的方法而覺得很幸福。

不過就在那瞬間，另一位朋友大聲地拋出一句話說：

「你們沒有看報紙嗎？他都是在說謊耶！他講的都是假的。不要相信他啦！」

我也看到報導，知道有那種傳聞。不過，為了學習如何變成有錢人，我每天都看財經報紙、看很多書、看各種專家的專欄，所以我不覺得那本書全都是虛構的。反而越讀越有確信：「只要相信並照樣實踐，我也能變成有錢人。」

我下定決心要變成有錢人之後，就開始學習該怎麼做，也讀了無數關於經濟、股票和房地產的書。當然也會有水準比較低的書，但其中幾本很有價值的書真的給我很大的力量、給我勇氣和希望。而當中也有很受歡迎的暢銷書，所以我清楚知道不是只有我在看那些書。

不過，我想說的是，有人像我一樣透過書本改變自己的想法後，憑靠努力獲得成功，另一方面有人依然過著跟看書前一模一樣的生活。難道是因為書本內容很差，沒有分享更多祕訣嗎？還是成功的人都很特別？不是，絕對不是。讀了一樣的書後卻無法改變生活的人，是因為自己沒有完全相信書本。因為

自己無法確信書上提到的內容，所以讓那寶貴的資訊和機會白白溜走。

　　我想要透過演講或書籍確實地傳達給大家的事情大致上有兩個。第一是「累積財富的技巧」，第二是喚醒潛在的「熱情」來改變「想法」。這本書更大的重點是後者。因為技術和技巧隨時都可以掌握，但對於沒有改變想法、沒有熱情的人而言，不管告訴他再好的技術和技巧都沒有意義。

　　普通人看到變成有錢人的人會認為他有特別的祕訣或是他是很特別的人。如果你現在還是這樣想，表示你對於「我也能變成有錢人」沒有確信。

　　任何領域都是一樣，如果要獲得好的成果，熱情和確信比特別的技巧更重要。成功的人都是因為對這方法有確信，沒有讓炙熱的「熱情」冷卻，並且持續前進、跑完全程。

　　之所以看了同樣的書之後有不同的結果，是因為「確信（也可以說是信心）」的不同。引導讀者自我開發的書或是記載各種成功事蹟的書籍中，大部分想傳達的內容都會一直重複。重複也代表著那件事很重要。許多書都會分享已經變成有錢人所經歷的種種或是通往成功的答案，但很多人都會猜：「有沒有其他更好的方法？」然後只是一直徬徨，無法擺脫他們平凡的生活。就算知道答案，如果不實踐，那答案對他而言也絕對不是正確答案。

然而，有確信的人不一樣。如果書中分享了正確答案，不管會花上多少時間，他們都會按照那方法有信心實踐。並不會因為書上寫著已經知道的內容就隨便讀過，反而會因為書上寫的內容是已經知道的，所以會更有確信，然後為了能百分之百吸收、轉化成自己的知識而更努力加把勁──達成。一開始雖然成果很小，但是不管多小，那份成就感已經足以讓自己持續下去、點燃熱情。成就感是帶給人最強動機的方法，所以一旦嘗到成就感的滋味，就有更高的機率能到達有錢人的道路。

　　某次上完課後，我和學生們一起吃飯，有個學生問我：

　　「宋事務長，我仔細地讀完了您的書。不過，我在讀的時候突然很好奇，您這樣公開所有的技巧，沒關係嗎？當然站在我們的立場上覺得很感謝，但您公開技巧給這麼多人知道，不會造成您的損失嗎？」

　　這是我常被問到的問題之一。

　　「嗯……這段期間我在部落格和社團上寫了許多專欄，也出了好幾本書闡述我的技巧，身邊有些好朋友看到之後也會建議我，說我不能公開這麼多資訊。然而，我完全不在意那些話。」

　　「怎麼可能不在意呢？」

　　「如果因為我公開技巧後，造成競爭者變多，那麼我只要再想出其他技巧就行啦！而且其實會把書中學到的內容付諸實踐

的人比你想的還更少。我聽聽讀者分享的內容發現，許多人無法正確理解我的用意。他們快速讀完後，都白白糟蹋了我的心血。如果無法正確理解作者的用意，不管讀的書再怎麼好好，自己的生活也無法改變。」

「那麼有什麼特別的方法，能在讀完書之後改變生活嗎？」

「沒有什麼特別的方法，都是大家都能做到的，而且都是大家早就知道應該要做的。以我來說，我為了變成有錢人，不只是作者在書中提到的技術，連作者的優點我都拚命想要學起來，變成我自己的優點。我會反覆閱讀，直到弄懂所有不懂的部分。看到有用的內容時，我會為了能吸收而做成摘要，隨身攜帶一看再看。如果是網路上很有用的文章，我還會印出來隨身攜帶。一再閱讀之後，我甚至能讀出他的想法，也能充分吸收他擁有的技術。」

「這真的是任何人都能做得到的事情耶！這麼說來，我也是都知道該做什麼卻沒有去做的人。」

「你看！會付諸行動的人真的不多。不過，雖然看起來很簡單，實際上做了才知道這些都不是容易堅持的事。所以很多人開始是開始了，卻半途而廢。」

「有沒有方法能持之以恆、都不放棄呢？」

「就是熱情。儘管是很簡單的事情，如果沒辦法看到成果，也真的很難持之以恆做下去。但是，做任何事情時，熱情都會給我們力量，讓我們持續做下去。一開始的原動力是熱情，後

來持續做著做著就會開始看到小成果。每次出現小成果時得到的成就感會讓熱情再次燃燒、永不冷卻。在熱情和成就感的交互作用之下，就能讓我們持續做到所有的事，不會放棄。」

「喔～您的意思是，如果我吸收許多書上的知識，不斷做出成果，就會持續產生熱情，後來甚至能改變生活囉？」

「讀很多書固然很好，但是徹底吸收一本書的內容會比你讀很多書來得重要。」

「不過，您說的僅限於值得學習的好書吧？內容貧乏的書也很多耶！」

「作者敢拿出自己的名字來出書，就代表不管內容再怎麼差，書中至少會提到兩三項只有他才知道的技巧。如果一本書裡面只有兩項技巧，那麼重要的就是，你至少要完全學會這兩項。這就是能改變生活的閱讀方法。因為這方法太簡單了，所以很多人都會忽略，不過這小習慣和努力總是帶給我比書本價格更昂貴的東西。」

「看來我也忽略了很多。聽了宋事務長說的話，我現在才知道有錢人跟平凡人的差別，就是以確信為基礎的執行力！大家都拿著同樣的材料，卻會隨著如何活用，以及用法不同而出現這麼大不同的結果。」

就像這個學生早就知道小習慣會改變人生一般，大部分的人早就知道該做什麼才能成功。其中也有人所見所聞相當豐

富，所以甚至知道變成有錢人的具體方法。不過，這些人尚未從平凡的生活中脫離出來就是因為沒有確信，我說的是足以讓人不放棄地繼續推動的那種確信。就像這樣，變成有錢人的人和停留在平凡生活的人只有一線之隔。

有錢人的生活並不是具有特別能力的人瞬間變出來的。是累積小習慣和行動後達成的小成果，這些成果累積起來後就會讓你逐漸往有錢人靠攏。希望你能再次牢牢記住，只有相信並持續實踐的人才能成功。

│ 🖋 **致富小技術 07** │

為了能得到好結果，最重要的是熱情和確信。

成功的人擁有對這條路的「確信」、不冷卻的「熱情」，並且跑完全程。

開始學習賺錢

　　我不想過著原地踏步的平凡人生，所以下定決心要為了脫離現在的生活而放棄就業，只學習「賺錢」。不過，雖然我身為一名大學畢業生，已經讀書讀了十六年之久，我的經濟知識卻是一片空白。仔細想想，從國小到高中十二年，再加上四年受到的大學教育，根本沒有學過變成有錢人的方法。雖然我下定很大的決心，卻完全沒有頭緒該怎麼做、該從何而起。

　　於是，我沒頭沒腦地選了財經報紙。總覺得至少是報紙，如果每天精讀，應該可以看懂經濟是怎麼運作的。我輕鬆地攤開報紙，但是，這是怎麼一回事？報紙上出現的每個辭彙都好陌生，內容也太廣泛了。我讀財經報紙的第一天，大概花了三個半小時才讀完並理解所有的內容。但是，隨著日子一天天過去，讀報的時間逐漸縮短，忽然間已經達到能以速讀的方式概

略掃過所有的內容，然後只選出我需要的報導來讀。

訂閱報紙的同時，我也為了能提升見底的經濟知識，開始買提到「有錢人」、「財富」、「股票」、「房地產」等詞彙的書籍，如此逐漸累積經濟知識。

非首都圈的夜店比首都圈的夜店給付的薪水還高，但往往都是一整年365天上班、全年無休。託夜店的福，我得要一天到晚都不休息地工作。所以我能讀書的地方只有隔音差、總是充滿吵雜音樂聲、瀰漫煙味的昏暗夜店休息室。

在休息室裡，我一有空就會讀報紙和理財相關書籍，也會加入網路上的理財社團，找找已經累積財富的人，把他們的文章列印出來後讀個好幾遍。

這種生活持續兩年後，很神奇的是，我開始看見市場的脈動。我能預測房地產市場會如何隨著政策轉變，因此也能看見該怎麼投資比較好。這就是我變成有錢人的起步階段。

有錢人的成功方程式

08
成為有錢人之前
四大方法強化內在信心

　　你有看過電影裡的武功師傅嗎？這種電影的劇情都大同小異。孩子目睹父母冤死後，決定要替父母報仇。於是他到處打聽，找出藏身民間的武功師傅。師傅雖然願意收孩子為徒，卻沒有馬上教他武術，好幾年當中只是叫他掃地、打水。這是為了讓他在正式學習技術前強化基礎體力和信心。

　　師傅知道，要先強化他的信心，再學習正式的技術，這樣才有可能提升到師傅的水準。在成為武林高手前，有漫長又艱難的訓練過程等待著他，但是如果想要撐過這段過程，內在就要強到足以控制內心和脾氣。

　　如果問我，最先該具備什麼才能獲得成功？我會毫不猶豫地回答「強韌的精神」。就像前面所強調的，「熱情」一旦冷卻，終究會放棄，但是能讓熱情不輕易冷卻的就是這堅定的自信心──

　　能成為有錢人的公式非常簡單。

為了成為有錢人，必須要設定目標，

接著開始行動，

然後在達成目標之前都不放棄。

也就是說，要設定目標、朝向目標奔馳，而且中途都不放棄，如此「跑完全程」後，才能變成有錢人。雖然聽起來非常理所當然，許多人卻常常忘記。這時，為了能跑完全程、達到目的地，最需要的就是強韌的精神。

普通人在想要變成有錢人的時候，都會忽略精神的重要性，只是想學習賺錢的「技術」。可是，若少了精神相關的訓練，光是倚重在學習新的技術，到後來就會發現自己已經放棄了。想必你應該也有這樣的經驗，所以才會到現在都無法擺脫平凡的生活。

大部分的人都認為掌握賺錢的技術或是特別的技術就是成功的捷徑，然而不管做什麼事，每提升一個階段勢必會面臨新的難關。萬一精神不強韌，每當遇到難關時就會受挫，這麼一來，總有一天終究會放棄。

這時你一定會想問，那種強韌的精神不是天生的嗎？請牢記，強韌的精神不是天生的，是後天的，所以充分能透過訓練養成。那麼現在起，我就來告訴你，我為了能具備強韌的精神而做過的，以及現在正在實行的方法。

要能具備強韌內在的方法

第一，不管做什麼事，從一開始面對時就要認為「我做得到」對自己信心喊話。

這是在具備毫不動搖的強韌精神方面最重要的部分。無論做什麼事，以「一定做得到」為前提開始的人，不管中途遇到什麼難關都會認為「我做得到」，然後埋首於尋找解決方法。相反地，沒有這麼做的人，每當遇到難關時，都不是想盡辦法努力尋找解法，而是替自己的失敗找藉口，說「看來這件事本來就做不到」。

目前為止，我不管做什麼，都是認為「一定做得到」，然後——做到現在。如果說我們公司員工有句絕對不能在我面前說的禁語，就是「我覺得不行耶！」。這句話本身就有種奇怪的力量，讓人連試都不敢嘗試。一開始下定決心說「我做得到」跟認為「做不到」的人，兩者工作結果絕對不可能是一樣的。首先，只要認為「我做得到」，那麼不管遇到什麼難關都不會放棄，會想各種方法，也會不斷努力尋找解法。根據我到現在為止的經驗，許多人說做不到的事情中，實際上有非常多事情是能解決的。

我腦中總是想著「我做得到」，然後讓身體養成了習慣。多虧有這樣的習慣，我才能將我眼前的許多困難轉化為正面的結果。處理問題的姿態和心態真的很重要。只要下定決心認為

「我做得到」，就會產生強烈的力量，讓你不管遇到任何難關都能解決。

第二，唯有專注在自己能透過努力改變的事情上。

普通人的特徵就是對目前的環境、政治和身邊的人有很多不滿，然後懷念年輕歲月。沒錯，就像他們想的，實際上這世界充斥各種非常不合理又不公平的問題，所以可以理解他們為什麼有這麼多不滿。但是，如果因為這個社會不美好就只是成天抱怨，難道能改變什麼嗎？想想看吧！如果同樣都是住在這個國家，那麼每個人被賦予的條件應該都一樣，但為什麼其中有人成功、有人無法成功呢？

他們的差異就是如何看待這個世界。那些成功的人並不是他們的生活本來就很美好，那是他們自己打造出來的。如果想要成功，就不能怪罪外部的環境。我說的不是要把不合理的事情當成是合理的，把不公平的事情當成是公平的。我的意思是，不能試圖在外部尋找無法成功的原因，要在不合理和不公平中找出方法。那些成功人士並不會因為社會不公就抱怨。他們同樣身處在這現實中，卻不會聚焦在不公平的社會結構，而是只專注在自己能透過努力改變的部分，然後在那當中尋找解決方法。

我活到現在從來不曾緬懷過去，我唯有專注在我所擁有的現實以及能改變的未來。懷念過往美好、抱怨現在的生活，這

樣消磨時間只是在浪費人生罷了。不要忘記，成功的人會在每個時間都專注著現在該做什麼才能改變自己的未來，然後開始去行動。

第三，發生問題時，不要逃避，要接受。

舉例來說，許多人發現因為自己做出錯誤的選擇而發生問題時，就只會浪費時間後悔：「為什麼當初我要選那個？」時間已經不可能倒轉到做出選擇之前了。設定目標後，過程中不可能不發生問題。問題一直會發生，然而，所謂的「成功」終究就是解決各種問題而得到的結果。

在問題發生時，成功的人和無法成功的人從心態開始就不一樣。以我為例，進行一件事情的過程發生問題時，最先要判斷能不能回復到先前的狀態。萬一那問題是無法挽回的，就不要迴避、後悔，而是先接受這狀況。

在這裡非常重要的關鍵就是能不能接受現狀。能接受現狀的人，在可能會很痛苦的時間裡，苦思能解決問題的最佳選擇，但不能接受的人只會迴避問題或陷入狀況之中，無法正視問題。博得他人的同情當然能得到安慰，但問題仍然無解。另一方面，接受現狀的人會執行苦思後的最佳選擇，進而擺脫問題。只要能接受一切，就能控制內心，因此分辨狀況的力量反而會變得強大，如此就能更輕鬆地解決問題。

最後第四，就算狀況不好，也要正面解讀。

為了獲得成功，要懂得引導自己到心情愉悅的狀態，所以就算發生不好的問題，也要盡可能去做正面解讀。如果企業夥伴離開了，就解讀為「是因為之後會有更好的對象要來，所以他才離開的」；如果身體不舒服，就要認為「還好能在大病之前發現並治療」。總是能過得開開心心的祕訣並不是沒有發生不好的事，而是遇到不好的事也以正面的態度解讀。

不是有句話說「躲不掉的話就享受吧！」一開始我完全無法理解這句話。不是叫我不要逃避想逃避的，而是叫我要享受？怎麼可能？然而，在我達到現在的位置之前，我失敗過很多次，卻也是在得到很多好的成果的過程中，親身體驗到正面解讀的力量對我的影響有多大。到那時我才理解這句話背後真正的涵義。

對於所有的狀況，每個人都有一套自己的解讀方法，而且勢必會按照自己解讀的結果行動。如果你認為現在面臨的難關會帶領自己到達更好的道路，那麼就能在解決難關的過程中走到更好的方向；如果因為難關而覺得很煎熬，那麼就只能無止境地痛苦下去。已經發生的事無法消失。反正無論如何都要解決問題，那麼往好的方向思考不是更有利嗎？要牢牢記住，要完全成為自己信心的主人才能持續邁向成功。

┤ ✎ **致富小技術 ⑧** ├

擁有強化內在的方法

1. 要以「我做得到」為前提來做事。

2. 專注在能透過努力改變的事情，而不是外部環境。

3. 就算狀況不好，也要直接接受並埋首於解決問題。

4. 不論什麼問題都要正面解讀。

09 ————
省吃儉用
根本無法變成有錢人

　　如果有人問我變成有錢人之後有什麼優點，我會說：「去高級餐廳點餐時可以不看菜單上標的價格。」其實變成有錢人之後，好處多到數不清。然而，我會說，如果在你的回憶中曾經因為沒錢而做不到什麼事，那麼最開心的莫過於現在變成有錢，所以能做到了。我也是一樣，我從小就很窮困，從來不曾盡情地想吃就吃，而經濟狀況改善後，最開心的就是能盡情地吃我想吃的東西。

　　除此之外，變成有錢人之後也能送某人他需要的東西，能夠告訴某個病人他不用擔心，我可以支付他所有的醫療費。而且如果我的孩子說想要學什麼，我都能有餘裕地提供任何資源，從事休閒活動時都不會受金錢限制，隨時都能享受休閒娛樂。變成有錢人之後，最開心的變化就是，在挑禮物時不用先考慮價格，只要想像當對方收到時開心的表情來挑禮物就行了，所以在買禮物的時候我比對方更開心。如果要再加一項，就是在捐錢的時候都不用煩惱，這讓身為社會一分子的我感到

非常有意義。

　　當然可能會有人覺得沒有錢也可以很幸福，不過很清楚的是，沒有錢也很幸福的人如果經濟狀況更富裕，應該會感受到更大的幸福。

　　以下是一位母親養三個孩子的學生故事。

　　「我一直以來都認為只有省吃儉用才能過上好日子。我曾經住在屋齡三十年左右的大樓裡，因為大樓太老舊了，冬天時從窗戶縫隙灌進來的冷風非常寒冷，不過我捨不得開暖氣，所以在房間裡也穿著羽絨外套。而且為了省水費，我會把孩子洗澡水裝起來洗抹布、打掃。

　　我這麼做了之後，一個月頂多只能省下一兩萬韓元。每當看到繳費金額比上個月更低，我就對於自己的省錢功力感到相當自豪。不過，有一天我體會到，這是我讓全家吃苦換來的結果，從那個時候開始我覺得這樣的生活好辛苦。」

　　我非常清楚生活受金錢制約有多麼悲慘，因為我從小就很習慣貧窮的生活。就算有想吃的，也要配合現有的錢來點餐，就算有想買的東西，只能藏在心中。爺爺、奶奶、我和六個兄弟姊妹，得要在一個小房子裡大眼瞪小眼，已經穿破的襪子也

是補了又補。更別說是常見的五花肉，我們家連一次都沒買來吃過，家裡米不夠，只能煮成粥來吃，這都是我的日常生活。只有生日才能吃到一粒完整的米飯。

說到節省，我已經是膩到不行。不過，就算這麼多年來過著縮衣節食的生活，我們家的狀況依然沒有起色。每當房東要漲租金時，我們只能一次次搬到更偏僻的地方。雖然我比別人更省，但生活水準不僅沒有維持，反而離普通人的生活更遠。

這封信的主角是一位養三個孩子的家庭主婦。一個媽媽看到自己的孩子要忍耐貧窮的痛苦，這應該比自己的不便更讓她感到心痛。儘管她覺得省吃儉用是上上策，現實狀況卻沒有因此改善。

她下定決心要變成有錢人並且開始上課後，那時起她不再把焦點放在節流，而是開源。她比任何人都更渴望變成有錢人，所以非常努力學習、勤勞地付諸行動。結果就是，她在短短的三年內成了包租婆，每個月靠租金拿到的被動收入達到五百萬韓元。

我曾經問過她，變成有錢人之後最想做什麼。

她笑著回答我：「不久前我才送給我先生一台車，他到現在都為了我吃盡苦頭。」她接著說的話讓我印象深刻。

「我現在還不是有錢人，不過我覺得我現在快要達到目標

了。也許是因為這段時間都沒有花錢，所以坦白來說我也不知道要買什麼。只是我真的很想做一件事……就是學習皮拉提斯（Pilates）。我從很久以前就很想學，但因為要繳孩子的補習費，所以我覺得一個月花十五萬韓元太有壓力，沒辦法報名。啊！還有，我很想抬頭挺胸地對我的父母和公婆說，每個月都會按時給他們一百萬韓元的零用錢。」

　　她現在正過著以前省吃儉用也想像不到的生活。這是因為她擺脫「省吃儉用才是最好的」想法，然後專注在增加收入上，所以才可能做到。

　　請記住，為了過著有錢人的生活，應該要專注在增加收入，而不是減少支出。

┤ ✎ **致富小技術 09** ├────────────────

單憑省吃儉用絕對不會改善生活。

如果想變成有錢人，就要專注在增加收入，而不是省吃儉用。

────────────────────────

Chapter 2

像有錢人一樣
思考並行動吧！

學習有錢人的生活吧！

01 ——————
你嚮往
有錢人的生活吧！

　　雖然你很想要趕快知道增加收入的方法，但如果你想變成有錢人，在這之前有一定要做的事，那就是學習過著有錢人的生活。

　　有錢人在字典上的解釋是；「錢財很多、生活富裕的人。」我在這裡想再多補充一點意見，我對有錢人的定義是「創造被動收入，就算不工作，財富也持續增加，因此生活過得很富裕的人。」

　　普通人只是茫然地想：「有錢人的錢很多真好。」如果想變成有錢人，就要試著具體地分析有錢人如何累積財富、如何擁有現有的資產等等。因為這樣才能訂下明確的標準，然後設定目標按部就班地朝著那標準前進，這就是走向有錢人生活的第一步。如果想變成有錢人，現在開始就不能像普通人一樣思考。要記住，必須像有錢人一樣思考、像有錢人一樣行動才能邁向有錢人的道路。

不過，很可惜的是，相當多的人對於「有錢人都很壞」的印象太強烈，所以光是聽到「有錢人」這個詞就相當抗拒，好像自己的機會都被有錢人奪走了一樣。這種人看到有錢人就會一味地負面評價，以很不友善的視角看待他們，認為「這些人只是運氣好而已」、「一定是用什麼投機的方式或是不乾淨的手段才變有錢的」、「他們的錢已經夠多了，幹嘛還為了賺更多錢而那麼做？」。

其實，現在說這些話的我，以前也對有錢人有很差的刻板印象。也許是因為小時候看的童話故事裡面，有錢人都是對別人很吝嗇的壞蛋或是像史古基（譯注：《小氣財神》的主角）這樣的角色，而且在電視劇或電影裡面扮演反派角色的都是有錢人。

但是，現實生活中卻完全不是這麼一回事。我從以前到現在認識的白手起家的有錢人，人品都很好，比其他人更努力生活。而且越有錢的人越謙虛，對每件事情的態度都很正面。他們瞭解時間的珍貴，所以充分使用每一天的時間，不斷學習來累積資產。他們很珍惜人與人之間的緣分，非常守約。他們自己是窮過來的，因此幫助別人時也很慷慨。因為他們是如此堅持不懈地努力也不安逸，所以他們身上值得學習的東西比別人還多。

在平常生活中實際遇見白手起家的有錢人並不是容易的事，也許是因為這樣他們才沒有機會打破大眾一直以來對他們的偏見。如果認識這些值得作為導師或是模範的白手起家的有

錢人，那麼之前先入為主的觀念勢必會消失。

你知道嗎？實際上越窮的人會越懶惰、不知節制。事實就是他們平常都開心地做自己想做的事。他們總是睡得很飽，不會漏掉電視上播出的體育比賽和連續劇。在各種酒席和聚會中，他們會對於根本沒有任何益處的政治話題高談闊論、或是高度敏感，也總是最先批評和抱怨。

從我念大學的時候就知道，有些朋友特別愛對其他人發表自己對政治和社會的意見。雖然他的知識算是豐富，但問題是大部分話題都會以抱怨和批評收場。那位朋友擁有比別人更多的知識，那麼他的生活改善了嗎？先說結論，他過著極為平凡的生活。就業後很努力工作，但他跟一般的上班族沒兩樣，下班後就去喝酒、看足球比賽，週末就跟足球同好一起踢球，然後這樣度過假日。

我曾經建議他要不要學習如何變成有錢人。但他完全沒有想要改變想法的意思。他現在除了自己的工作之外，根本捨不得撥空增加收入，成天光是埋怨政治沒有改善自己的生活。

某天，有位大學學姊聽到我的消息後聯絡我。她說她在學校裡是菜鳥教師，總是忙著工作。當她跟我聯絡時，狀況相當不好，她一直說生活好辛苦，連說了好幾次。

「學姊，那麼如果我告訴你變成有錢人的方法，你真的會照做嗎？」

「嗯，我現在什麼都願意做。不過，以我目前的處境有可能嗎？」

「當然啊！只要努力，幾年內就充分能得到正面的結果。很多人一開始的情況比學姊更不好，但是他們都做到了。」

「我知道了。如果真的有那種方法，我會試著按照你說的去做。不對，一定會的！」

學姊很認真聽我講話，於是我開始教她學習投資的方法。之後她利用週末和休閒時間開始學習如何變成有錢人，她接受我的建議「像有錢人一樣思考、像有錢人一樣行動」，然後照樣實踐。我以為她很難挪出休閒時間之外的時間來學習，但她實際開始學習投資後，看到成果接連出現，覺得很有成就感。

她是兩個孩子的媽，結婚二十年來都是租屋族。她開始學習投資之後，兩年內就賺到九億韓元，每個月租賃收入達到四十萬韓元。她說身邊的人常常說她很有活力，連外表都改變了。應該是因為她把被現實擊倒的生活，改變成由自己主導的生活。她說現在有了更大的目標及成就感，我知道她同樣也能達成那目標。

前面提到的我的大學同學和這位大學學姐的差別並非能力，而是一個人正面接受「有錢人」、另一個人負面思考而推開，這差異讓兩人過著截然不同的生活。

實際上有錢人是因為比平凡人還更努力才能得到更多。絕

對不能說是運氣好。所以意思就是，不論是誰，如果想要變成有錢人，就要從嚮往有錢人開始，如果像有錢人一樣思考、像有錢人一樣行動，就能度過有錢人的生活。

學習有錢人的模式，然後讓身體習慣。因為一直這樣做就會持續進步，得到好的成果並且累積財富。

✎ 致富小技術 ⑩

如果想變成有錢人，就要像有錢人一樣思考並行動。只要像有錢人一樣思考，效法他們的行為，你的生活也會離有錢人越來越近。

一輩子都過著
YOLO 生活的方法

最近影響韓國二三十歲年輕人最多的詞彙應該就是YOLO了！（You only live once 你只會活一次的英文首字母縮寫）在網路上搜尋「YOLO」就會跳出類似的相關搜尋關鍵字「盡情享受僅有一回的人生」、「及時行樂，不要看著不確實的未來」、「辭職後去環遊世界吧」。這都是在說：比起未來，要更優先追求「現在當下」的幸福。像他們這樣毫不猶豫地消費來滿足現在的自己，就是人們所說的「YOLO族」。

我在經營好幾種事業體的過程中，偶爾也會在工讀生或上班族裡看到YOLO族。辨別YOLO族並不困難。他們的個人社交平台上滿滿都是在各國觀光景點拍的照片、高級食物或昂貴車子的照片、名牌包包等，千篇一律都是比他們所得更高水準的物品。只看那些照片會以為他的生活真的很精彩又幸福，還會產生一種相對剝奪感：「他們過得這麼好，為什麼我的生活只是這樣？」

如果你現在看到某人的社群平台時也會覺得憂鬱，那麼我

告訴你一個好消息，他們絕對沒有值得你羨慕的理由。

　　你有想過他們照片背後的樣子嗎？除非是含著金湯匙出生的人，要不然一般人只能憑著上班的薪水或打工時薪來補足所謂YOLO族享樂生活所需的開銷，所以他們的雙面生活一定會比別人更疲憊。他們一趟出國旅行就是好幾個月的薪水，為了買到精品或高級轎車，他們連揹著負債都在所不惜，然後只是繼續為了下次的消費而存錢，好像未來什麼的都不存在一樣。這樣過了幾年後，只拍了許多認證照（譯注：這詞彙為韓國流行語，意指拍照紀念做過某件事，通常會上傳至網路社交平台公開。），卻搞得身無分文（沒有欠一屁股的債就算幸運的了）。他們這種模式的生活結構就是：「如果不繼續付出勞力就絕對無法旅行或消費」。

　　等一下，在這裡有一件事要講清楚。應該不會有人誤會，但我還是雞婆地說明一下。如果現在有人問：「你前面不是要我們嚮往有錢人的生活、像有錢人一樣行動，那你在這裡這樣講是什麼意思？像YOLO族這樣享受不就是有錢人的生活嗎？」會問這種問題那表示搞錯重點了，而且錯得離譜。像有錢人一樣行動，不是指「消費」，我說的是「想法、思維」。YOLO族並不是模仿有錢人的想法，而是在模仿有錢人的生活，那也只是片面地展現出有錢人某一方面的生活。

　　我再說一次，前面我再三強調的「有錢人的生活」，是指「不用付出勞力」也能度過富裕的生活。不過，YOLO族的生

活必須無止境地付出勞力，那只是一種消費高於所得的奢侈生活。「像有錢人一樣行動」不是指明明沒錢還像有錢人一樣消費，是說要帶著「有錢人的思維」來行動。

某天我聽到一位年輕人說：

「我一直以來都是個YOLO族，好像是從我用社群平台的時候開始的。在社群平台上，大家貼文都是名牌包附上『送給我的禮物』的文字、跟朋友一起租飯店空間辦派對、穿得美美的去高級餐廳吃飯，或是開著高級進口車旅遊的照片，大部分的人都過得很精彩。這些內容看著看著，我突然也覺得『我不知道我什麼時候會死……我可能明天真的就會因為意外事故當場死亡……沒錯，我要享受當下！』」

她說到這裡之後嘆了一口很長的氣。

「但現在回頭看看，我覺得那只是當時為了合理化自己的行為而說的藉口。上班之後，我也賺得跟別人一樣多，所以我想跟身邊的人炫耀我有能力做到這種程度。我以『人生只有一回』為名，想要隨心所欲地愛買什麼就買什麼，想要看起來像過著人人稱羨的生活。從那時起，我一拿到薪水，不假思索就去百貨公司，用分期付款買比我的薪水更貴的名牌包包或名牌化妝

品，常常若無其事地吃一頓超過十萬韓元的餐點。在昂貴的飯店度假都是家常便飯。我覺得有能力過上這種生活而且正在過這種生活的我很威。而且上傳這些照片到網路上之後，朋友真的都會說『好羨慕喔！』『太厲害了！』。那些留言讓我心情超好，而且非常滿意。我真的以為當時的我很幸福。但是進入三十歲之後，朋友見面都是在聊理財、房地產，那個當下我嚇呆了、大受打擊。我覺得在他們之間的我很渺小。在那之後，就算買了昂貴精品，我也開心不起來，看到『好羨慕』『好美喔』的回覆，我也只是嗤之以鼻，完全沒有任何的情緒。那時我才恢復理智，原來過去的我都在享受『現在』，在揮金如土的我身上只剩滿滿的卡債，以及沒有餘額的帳戶。」

　　這個年輕人非常後悔。她體會到，YOLO族的生活雖然在當時令她覺得比別人更幸福，但相較於腳踏實地的朋友們，現在的她已經落後太多了。

　　這種YOLO族的生活模式並不是以前從來沒有、現在才出現的。只能說「YOLO」這種表達方式是新的，但不考慮未來、只活在當下的人一直都有。

　　我真的很擔心從年輕時就選擇這種生活的人。因為現代人壽命延長，號稱百歲時代，相較之下退休年齡算是非常早的，不過這樣的人就算上了年紀還是必須無止境地工作。現在雖然覺得「什麼工作都好，只要能賺到錢就行了」，但年紀越大，別

說是工作機會了，甚至連打工機會都不容易找到了。

然而，為什麼這麼多年輕人都選擇當YOLO族呢？難道是因為他們更重視現在的價值嗎？這個嘛，我會解讀成他們放棄了未來。在我看來，他們只是沒錢卻妄想過著有錢人的奢侈生活罷了。

現在二三十歲的人所知道的YOLO的生活是不是旅行社或百貨公司等廣告塑造出來的呢？就像巧克力公司賦予了「情人節要送巧克力給喜歡的人」的意義一樣，旅行社或百貨公司等為了鼓勵消費而扭曲YOLO真正的涵義，僅僅是為了達成他們的目的而突顯某一個面向。

YOLO的全句為「You Only Live Once」，這句話真正的含意並不是說「你的人生只有一回，所以盡情消費享受現在，不要留下遺憾」，YOLO顧名思義，就是「你的人生只有一回」這個英文句子的首字母縮寫，因此每個人看到這句話的感受都會不一樣。而每個人的感受就是每個人賦予YOLO真正的含意。

對我來說，YOLO指的是「你的人生只有一回，所以尋找真正的幸福吧」，而「真正的幸福」就是「一輩子」過著YOLO的生活。

每個人都有辦法能一輩子都過著夢想中的YOLO生活。真的很簡單，只要變成有錢人就行了，就是指創造出大於等於薪

水所得的被動收入。你只需要在創造被動收入之前比別人更努力生活就行了。如果創造出自己理想水準的金流，那麼從那之後就真的能只做自己想做的事。

只要稍微延後短暫享受虛假的 YOLO 生活，就能一輩子度過真正的 YOLO 生活。雖然你在不瞭解那方法時，曾經認為「幹嘛那麼努力？能改變什麼嗎？」、「努力生活又不保障你能變成有錢人」，不要為了沒有保障的未來而努力，只是追求現在當下的幸福，但我認為如果有了明確的方法，那麼就充分值得挑戰。

✎ 致富小技術 ⓫

「YOLO」真正的含意不是要用消費花光財產，而是要活出有價值的人生。

不要模仿有錢人的消費，而是先建構有錢人的賺錢體系吧！這麼一來，一輩子都能過著 YOLO 的生活。

03 ————
學習建構讓錢滾錢的體系

你應該常常聽到「讓錢滾錢」。如果你仔細觀察講那些話的人是誰，應該能發現講這句話的通常不是有錢人。一般來說大家都把這句話用來描述「只有有錢的人才賺得到錢」或是「錢很多就很容易賺錢」。但這樣的理解百分之百誤會了「讓錢滾錢」的含意。

一個人不管再怎麼有錢，如果沒有做好準備，理所當然還是會失去那些錢，這種情況隨處可見。我看過很多人聽到沒有根據的傳聞後就去買股票，結果因為股價慘跌而心急如焚，也看過很多人買了不值錢的房地產後被套牢，賣不出去也租不出去，光是乾著急。

所以「讓錢滾錢」這句話不是「因為錢很多，所以能賺到錢」，而是指原本字面上的意思「用錢去賺到其他的錢」。此外，如果想要讓錢滾錢，每個人不論錢多錢少都要學習並努力行動才行。

有錢人不會笨笨地把所有的錢都存在銀行裡。有錢人絕對不會讓金錢閒置，一定會建構讓錢滾錢的體系！這就是一輩子

都能過著YOLO生活的方法。不論錢多錢少，大家都能建構這體系，而且也是為了變成有錢人必備的體系。

為了建構讓錢滾錢的體系，需要瞭解讓錢滾錢的方法。「讓錢滾錢」這說法對某些人來說可能會非常陌生，因為我們目前為止都理所當然地認為要透過付出勞力來賺錢。

拿著同樣的資本，有人能過得很富裕，相反地，有人過得很煎熬。到底他們的差別在哪裡呢？

（以下案例為韓國投資情況）

假如A和B同樣都有5,000萬韓元的資金，每個月也同樣領200萬韓元的薪水。

A把5,000萬韓元全都存在銀行裡，每個月的薪水扣除生活費之後也都存在銀行。A看到帳戶的數字一點一滴累積，心裡甜滋滋的，他決定下個月再省更多錢，這樣就能存更多。

B用5,000萬韓元還有跟銀行貸款借的錢買了一間店面。拿到承租方的押金後，扣除貸款金額，實際上投入的現金為3,000萬韓元左右。從此之後，他每個月都可以拿到超過100萬韓元的租賃收入（扣除貸款利息的淨收益），而且每個月還可以領月薪。假設A和B消費支出相同，B就能靠銀行存到比A更多的錢。B打算在存到一定的金額後，再用之前剩餘的2,000萬韓元買其他的房地產。

究竟他們一年後的狀況會如何呢？我們粗步估算AB兩人的資產。

雖然目前銀行利息不到2%，但我們先以2%計算，A存入5,000萬韓元後，一年後能得到100萬韓元的利息。而且，他每個月還有200萬韓元的薪水，假設他省了又省，好不容易存100萬韓元，那麼等於是他能在一年後存到1,200萬韓元。所以一年後他的資本額為6,300萬韓元（本金5,000萬韓元＋利息100萬韓元＋薪水儲蓄1,200萬韓元）＋α（薪水的利息）。結果，他一年中省了又省的結果是，存了大約1,300萬韓元。

另一方面，假設B跟A一樣，把每個月200萬韓元的薪水裡面的100萬韓元拿去消費，那麼B每個月能存的金額就是薪水的100萬韓元以及租賃收入100萬韓元，共200萬韓元，這樣一年後就能存到2,400萬韓元。

再加上先前存的2,000萬韓元，一年後的利息是40萬韓元，所以一年後的財產就會是7,440萬韓元（本金2000萬韓元＋利息40萬韓元＋店面3,000萬韓元＋薪水儲蓄1,200萬韓元＋租賃收入1,200萬韓元）＋α（薪水的利息）（這裡不考慮投入三千萬韓元買下的店面價格上漲的程度）。也就是說，等於是一年後財產增加了約2,400萬韓元。

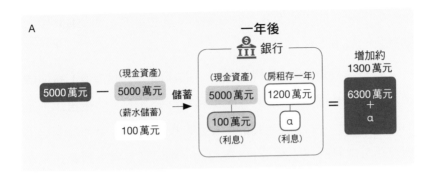

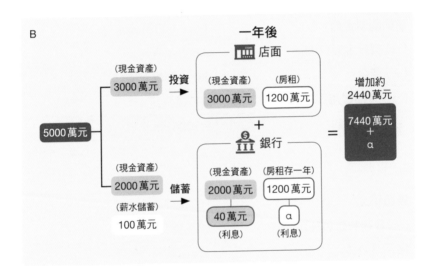

一年後，兩人的差距開始逐漸擴大。B打算利用之前買店面剩下的2,000萬韓元本金，再買一個房地產，讓他每個月可以有100萬韓元的租賃收入。

究竟A和B五年後會變得如何呢？根本無法比較。B繼續讓錢滾錢，所以收益會無窮無盡地增加。

你問我真的可能像B一樣做到嗎？當然可能。因為B實際上就是我的故事！

過去我投資2,800萬韓元買了一間店面，店面價值1.38億韓元，總價的七成－9,600萬韓元是和銀行貸款的，然後再以押金2,000萬韓元、每月租金150萬韓元的條件出租。而且這間店面到現在每個月的淨收益是118萬韓元。細節請參考下列算式。

店面購買金額	1億3,800萬韓元
（－）貸款金額(70%)	9,600萬韓元
（－）押金	2,000萬韓元
（＋）其他費用	600萬韓元
實際投入金額	2,800萬韓元

（十萬韓元以下的數字省略）

店面租金	150萬韓元
（－）貸款利息(4%)*	32萬韓元
每月淨收益	118萬韓元

*貸款金額的4%÷12個月，現在貸款利率還不到4%

我讓2,800萬韓元的錢滾錢。十年前投入2,800萬韓元購買的這間店面，每個月為我創造出118萬韓元的收益，到現在依然努力滾著錢。

這段期間，2,800萬韓元做了些什麼呢？這筆錢從2009年

開始，不停地為我滾錢超過了十年，到現在為止，光是租賃收入就超過14,000萬韓元（118×120個月）。只要我不賣出這間店面，往後它還是會每個月都穩定地幫我賺錢。再加上這個店面的現值已經比我當初買的金額高出大約3.5億韓元。時間過越久，租賃收入和買買價差就會累積得越多。附帶說明一下，這間店是一間美容院，承租人已經經營超過十年了。

你明白了A和B的差異嗎？A專注在「存錢」，B專注在「讓錢滾錢」。為了變成有錢人，要像B一樣讓錢滾錢。不過，大部分的人都比較熟悉A的理財方式，所以才無法擺脫平凡的生活，無法變成有錢人。

絕對不能像A一樣認為「銀行是累積財富的地方」。銀行只不過是提供微薄的利息、暫時幫你保管金錢的地方。往後還是會維持低利率，所以在銀行裡睡著的錢絕對不會動起來。講得更清楚一點，你在銀行的錢並不屬於你，它們正為銀行滾錢！

附帶說明一下，存退休金也只是克制現在消費、分次存入作為未來可花費的金錢，並不是變成有錢人的方法。

前面已經提過，有錢人比起專注在省吃儉用存錢，更專注在增加收入上，也就是讓錢滾錢。如果能運用這方法，收入就會乖乖增加，讓你以極快的速度變成有錢人，是那些光憑自己的勞力賺錢的人根本比不上的。一般人不知道這樣的領域，只

是抱怨明明自己努力工作卻無法變成有錢人。因為他們除了放假的時間外，所有的時間都投入在付出勞力上，所以才會這樣抱怨。這樣算起來，韓國上班族當中幾乎沒有人不在自己的領域內努力工作，大家都是踏實又勤奮的勞工。

現在你明白了嗎？光憑努力工作是無法改變人生的。看看目前為止的經歷，還有大略計算你的薪水也能知道，不是嗎？所以，為了變成有錢人，一定要學會讓錢滾錢的方法。要認為我的錢就是工人，然後讓這些工人動起來賺錢。我讓賺到的錢繼續變成我的工人，工人像這樣增加後，生活越來越富裕，終究變成了有錢人。

你可能已經發現了，我累積財富的方法以及我想告訴你讓錢滾錢的方法就是「投資在能收取租金的房地產」。我用這種方式——買下別墅、住辦大樓、店面等每天都能幫我賺錢的物件。一開始每個月收益頂多只有幾十萬韓元，但我讓這些錢滾錢，再繼續讓這些錢賺來的錢滾錢，每個月的收益立刻就增加到幾百萬韓元、幾千萬韓元，甚至達到大企業科長的年薪。不是只有我這麼做，除了我之外，現在很多的有錢人都是這樣挖掘財富，他們現在也無止境地讓錢滾錢，累積更多財富。從現在起我會正式地告訴你變成有錢人的方法，也就是透過房地產讓錢滾錢的方法。

┌─ ✏️ **致富小技術 ⑫** ─────────────────┐

建構讓錢滾錢的體系吧！

請牢牢記住，銀行不是累積財富的地方。

——累積每個月都幫你賺錢的房地產吧！

└──────────────────────────────────┘

精通一個投資項目
練就屬於自己的領域

　　當我開始看見市場整體的脈動後，就想要馬上躍入實踐。然而，不管是股票還是房地產，我都想親自投資卻沒有自信。畢竟看書、看報紙跟下定決心實際進去投資，兩者的感覺根本無法比較。

　　我認為投資絕對不能虧錢，所以如果不想要失去辛苦存下的錢，那麼無論是股票還是房地產都要完美地分析該項目再購買。不過，我覺得我還不到那個水準。

　　回顧我目前為止所學的過程，毫無體系可言，全都是笨笨地土法煉鋼。這就像是很貪心的猴子把根本吃不完的食物統統塞進嘴巴，臉頰撐到都快撕裂的地步。問題在於，之前我以為只要看完提到「房地產」、「股票」、「債券」、「匯率」等各種跟經濟相關的書籍，就能突然瞭解投資，但這樣的讀書法毫無

章法可言。真的是非常沒有效率的方法，而且透過這種方式學來的實在無法運用在實際的投資上。因為如果在沒有準備好的情況下開始進入賽局，一定會輸錢的。

為了變成有錢人，我要透過妥善的投資工具讓錢滾錢。我體會到，為了達到這個目標，我要精通一個領域，練就屬於我的重點強項，而那領域就是「房地產」。

老實說一開始因為華倫‧巴菲特、彼得‧林區等鉅富主要都是靠股票獲得成功，所以我自然而然將焦點放在股票上。但是，股票的變動實在太大了。股價不會只按照我學到的內容漲跌，所以我無法放心投資。而且相較之下，收益也不大。我覺得股票離我所想的成為有錢人的方法很遙遠，我便對股票打消念頭（不過這時學到的內容，後來還是有助於我建立經濟狀況處理法和投資原則）。

從這時起我果斷地割捨對股票的留戀，專注在學習房地產。單單房地產這個領域就有非常多該學的實戰投資。於是「房地產」變成了我的重點強項。

當時我讀完許多書後得到了一個最終投資原則：「投資在比市價更低的物件上！」這就是投資的核心。

「不論哪個領域，如果能夠培養找出被市場低估的物件的能力，就能賺大錢。」

邁向有錢人之路的基礎過程

04 ───────
創造成為有錢人的時間

為了變成有錢人，首先需要時間準備變成有錢人。大家都有種錯覺，那就是「為什麼我這麼努力工作卻依然無法變成有錢人」、「不管我再怎麼努力工作，手頭依然很緊」，而這樣想的人比你認為得還要更多。這些領死薪水的人無法理解，自己已經做了這麼多，但別說要變成有錢人了，他們總是處在經濟狀況窘迫的現實中。

你已經知道光憑薪水無法變成有錢人，而且也知道想要變成有錢人該怎麼做。你明明已經知道變成有錢人的方法卻到現在為止都無法變成有錢人，你知道最大的原因是什麼嗎？那就是「懶惰」。你會問我，你這麼努力工作、你哪有懶惰。那麼我希望你思考一下，除了工作之外，你曾經試著努力創造除了勞動之外的收入嗎？當然有人真的光是工作就忙不過來了，但再怎麼忙也沒有人是一天二十四小時都在工作的。換句話說，這表示你除了工作時間之外，也會抽空休息。

任何領域都一樣，如果要成為專家都需要花時間熟悉，變成有錢人也是一樣，為了變成有錢人，首先需要額外花時間

學習如何變成有錢人，並且熟悉那方法。不過當我說這些話之後，大家最常用的藉口就是「我太忙了，沒有時間」、「我的工作量已經多到很難抽空」。

你要不要試著說「只要工作沒有很累的話，我會試試看」呢？你到現在為止不都是找那些藉口，然後斷定說「自己注定無法變成有錢人」嗎？

不過，你拿起了這本書，清楚地說明了那原因就是「你想要變成有錢人」。這樣不是很奇怪嗎？這麼說來，你拿起這本書是因為你希望這本書寫著某種方法，讓你只要坐下來看一下就會自動變成有錢人？

很抱歉，地球上沒有那種方法。我不會說「任何人只要看這本書都能變成有錢人」這種不像話的話。如果你曾經在書上看到這種話，你就別看那本書了吧！那本書的作者一定是騙子。我雖然親切地在這本書中寫下你能擺脫現在的生活、過有錢人生活的方法，但我清楚地告訴你，這不代表你「光是看書」就能變成有錢人。

我很想告訴那些為了變成有錢人而來找我的人說：

「人生中有一段時期要狠下心來度過，一輩子才能過得富裕。」

為了變成有錢人必須要有覺悟，至少有一段時期要狠下心

來度過。就是為了存下能讓錢滾錢的最低資本額，以及學習如何變成有錢人。所謂要狠下心來度過，絕對不是要你餓著肚子訓練，要求你擁有「求知若渴的精神」，或是一天只睡兩小時那種又難又累的事。只要在存種子基金的同時，每天多抽出工作時間之外的兩三個小時來學習如何變成有錢人。光是這樣就很足夠了。當然如果你已經有最低資本額，就能省略存種子基金的階段，如果你不是上班族，也不需要額外的努力抽出時間。

我曾經也狠下心來度過一段時間。

「爸爸，真的很對不起。但我不會去找工作。」

「你突然講這什麼話？」

「拜託請先相信我，我就算不找工作也一定會讓你看到我努力存錢、學習後成功的樣子。你把我養到這麼大，我絕對不會讓你失望的。」

「……」

我原本為了存出國進修的錢而在夜店工作，但當我下定決心一輩子都不要再過著平凡的生活後，就跟爸爸說了這些話。爸爸原本以為，兒子到非首都圈的地方打工存錢，等出國進修回來後就會去找工作，他卻突然聽到我說這種話，應該大失所望，擔心我擔心得不得了。不過，面對哭著說話的兒子，爸爸也無法再多說什麼。

當時對我來說，在夜店六個月賺到的一千萬韓元就是全部的財產，然後我得要繼續日夜顛倒地在夜店工作來存更多錢。為了用最快的速度存錢，我一直以來所做就是省下吃飯錢、不買想買的東西，把大部分的收入都存起來。就算你說我不消費也不為過，而且這也是為了確保有最多時間能學習。我在夜店的休息室稍微休息時也在學習投資，同事跑出去玩的時候，我也在小房間裡學習如何變成有錢人。那是我最狠下心來度過的一段時期。

啊，說到這裡，你可能會有一個疑問。前面我明明說，比起省吃儉用更要專注在增加收入上。沒錯，但那是在存完最低投資額之後、變成有錢人的過程中做的事。在存最低投資額的過程中，除了省吃儉用就沒有其他方法了。這時為了要盡快存錢，必須要儘量節省，專注在快速存錢，不管用什麼方法。至於把重點放在增加收入而非省吃儉用，則是存完錢、學習完之後的事。

這時期的關鍵，是在存種子基金的同時確保有時間學習，對上班族來說能學習的時間只有晚上、早晨，甚至包含午休時間。此外，像六日這種放假時間也要拿來學習。每個人在平日能另外挪出的學習時間各有不同，但一般來說是兩到三個小時，你可能會懷疑到底用這麼短的時間可以做什麼，不過只要

一年扎扎實實地累積下來，這些時間充分能打造出巨大成功的結果。

有個上班族學生在認識我之後的兩年九個月後，每個月就能拿到五百萬韓元的租賃收入。

他說：「『上班族沒有時間，所以做不到』這都只是藉口。學習變成有錢人並不像運動比賽那樣一定要花上一段完整連續的時間才能做到。利用空閒的零碎時間就很足夠了。我利用上班前的早晨時間和公司午休的零碎時間，還有晚上時間來讀書。如果我這樣講，就會有很多上班族問我：『我們公司聚餐超多，遇到有聚餐的日子該怎麼辦？』『我常加班，無法抽出晚上時間怎麼辦？』聚餐當然要參加，我公司也很常聚餐。聚餐當然不能不去，不過只要參加第一攤就行了，依我的經驗來說，續攤是沒什麼意義的酒席。就算不去續攤，上司也不會說什麼，同事也能理解，所以不會造成很大的影響。如果不勉強自己續攤，那麼就連隔天早上的時間也能充分使用。加班的時候也是一樣，前一天晚上沒讀完的只要隔天早上努力多補回來就行了。我的狀況也是只能利用這種零碎時間。不過，我在不到三年的時間內就擁有每個月超過五百萬韓元的第二份薪水。就算我不工作，每個月還是會拿到五百萬韓元。又不是一輩子，只要三年內多花點心思，努力到這種程度，哪有什麼做不到的

藉口。我希望你不要像許多上班族那樣找各種藉口而放棄變成有錢人。」

　　如果想變成有錢人、如果你真的下定決心要變成有錢人，就要有覺悟必須撐過人生中一段狠下心來生活的期間。你可能會擔心：「會不會跟身邊的人關係疏遠或是對家人不好意思？」是啊，的確在這段時期能跟朋友或同事見面的時間會不夠，陪家人的時間也一定會減少。那段時期對我來說也是一樣，對我的學生來說也都是一樣。不過，我確信並期待度過這段時間後將會改變我和我的家人的生活，因此反而每個瞬間都開心地念書。就算隱居（？）個幾年，朋友們都是在那裡，家人也在不知不覺間成了最熱情支持我的人。

　　人生中只要狠下心來度過一段時期，一輩子都能過得很富裕，這充分具有挑戰的價值，不是嗎？在只有一回的人生中，能更有價值地完全為了我和我的家人使用寶貴時間的方法就是變成有錢人。因為只要變成有錢人，時間和金錢都會變得自由。不過希望你能記住，為了變成有錢人，任何人都必須狠下心來度過這段時期。

🖋 致富小技術 ⓭

如果想變成有錢人，人生就有一段時期必須狠下心來度過。
就算一天只有兩三個小時，也要挪出時間學習如何變成有錢人。只要過三年，一定會看到正面的結果。

---

05 ———
必做四件事，
為富翁康莊大道鋪路

確保有時間後，現在就是要正式地學習了。為了變成有錢人需要念書，就是學習如何讓錢滾動，安全地賺取更大的收益。然而，實際下定決心要念書後，一開始一定會覺得很茫然慌張。

「宋事務長，我想變成有錢人，所以開始念書。不過，雖然我想要變成有錢人的意志很強烈，但是對於到底該怎麼念書完全沒有頭緒。我覺得我對於經濟實在一無所知。這樣的我念完書之後也能變成有錢人嗎？」

大部分的學生在開始學習前都會有一樣的擔心。「究竟像我這樣連房地產的『房』都不懂的人也能成為有錢人嗎？」「成功的人不都是一開始就很懂經濟或房地產嗎？」大家煩惱的種類非常多，不過這些煩惱的共通點就是在開始嘗試前感受到的茫然的恐懼。這是極為自然的。不論什麼領域，一開始嘗試些

什麼的人都會有這樣的擔心。沒有人從一開始就是在中等或高手的水準出發。每個人都有第一次。

我也是一樣，我大學讀的科系是「化工系」，這完全不是我喜歡的，純粹是因為覺得容易找到工作才選的。我的學科跟經濟或房地產完全無關，所以我跟一般的學生一樣，在畢業之前連房地產的「房」都不知道，連登記謄本長什麼樣也沒見過。

一定會有人問：「那麼，像我這樣的經濟小白要經過什麼樣的過程呢？」以下我會為了這些人具體介紹我的讀書方法。不只是我，我許多的學生都是在運用以下這些方法的基礎之上變成了有錢人。

第一，訂閱財經報紙

前面稍微提過，學習變成有錢人的第一步，我選擇的是訂閱財經報紙。我跟大部分的大學生一樣，在讀完大學、進入職場之前都專注在累積履歷表上的資歷，完全不關心這世界是怎麼運作的。但是，如果想變成有錢人，就要領悟讓錢滾錢的方法，也要為了讓錢滾錢而瞭解資本主義市場如何運作。

投資之前真的很重要的是要掌握市場脈動。同樣是投資房地產，有人虧錢，有人則是賺得一大筆收益，其中的關鍵在於時機點。不論投資什麼，時機點絕對會決定勝敗，而為了掌握

適當的時機，要瞭解市場的大脈動。若無法掌握這脈動，就會被牛市氣氛吸引，在最後一波買進而賠錢。不過，平常就持續閱讀報紙的人不會被氣氛影響，而是培養出獨到的眼光能穩健地投資。

　　然而，不要期待看報紙能得到投資的第一手消息。記者都是看到某些結果後才寫報導的，等看到新聞後再投資就變成慢一步的投資者。所以不要把報紙當成投資房地產的第一手消息，只要退一步以輕鬆的心態觀看各種經濟現象就行了。讀報的目的是大略檢視大眾的脈動和金錢的脈動。

　　對經濟一無所知的人也能在讀報的時候看見經濟脈動嗎？當然啊！不要擔心，輕鬆地讀吧！我也是這樣，許多人都是這樣走過來的。一開始每個詞彙看起來都很難，但是不斷搜尋、繼續閱讀，看不懂的詞都會消失，只要持續看個一年，不知不覺間不只房地產，你勢必能開始看見經濟運作的模式。意思就是，不要半途而廢。

　　這樣持續兩年後，甚至能看見往後的市場變化。因為市場會不斷重複漲跌，每次都會出現類似的現象。像這樣理解市場後，就不會在聽到身邊有人說誰賠錢的傳聞而猶豫，反而能在熊市大膽買進房地產，在牛市時不帶留戀地賣出，如此創造出屬於自己信念的投資模式。

　　而且在一直讀報的過程中，很神奇的是也能看到新聞報導

的另一面。最近多了很多宣傳性質的報導，仔細看就會知道那不是報導，是廣告。而且財經記者當中也有不少業餘人士，業餘記者寫的各種經濟現象或是專家個人見解常常未經任何過濾。多虧有他們，我才在不知不覺間領悟到，報紙上出現的專家很多都不是什麼很厲害的人，而且報紙寫的也不完全是正確答案。如果翻開報紙時具有能評斷的能力，就代表具備了能正確觀察的實力。

讀報時，我建議訂購紙本報紙而非網路電子報。網路報只有頭條很吸引人，卻無法顧到細節面，除此之外還有太多聳動的標題會吸引你的目光，或是跟體育界、演藝圈有關的消息誘惑。如果你下定決心要變成有錢人，就要唯有專注在累積經濟知識上。希望你不要把寶貴時間浪費在對你的人生沒有任何幫助的八卦新聞上。浪費多少時間就會增加你變成有錢人所需的時間。

除了財經新聞之外，政治新聞也是要關心並常常留意的。因為經濟政策會隨著不同陣營掌權而有一百八十度的改變，而投資方向也要配合政策改變才行。舉例來說，如果是進步派政營掌權，他們會強調資本主義市場的分配和均衡，所以會提升福利制度，推動對勞工友善的政策，強化勞權，增加高所得族群的稅收和法人稅收。福利制度的預算會大幅增加，而對房地產的相關規定會變得嚴苛。相反地，如果是保守政黨掌權，就會推動對企業友善的政策，所以會推動各種稅制優惠，傾向鬆

綁限制。原本嚴苛的房地產限制也會逐一解除。

就像這樣，如果你在每次政權轉移時知道政策改變的反覆模式，就是投資時很好的參考。因為如果你能預測模式，就能在沒有規則的方向中提早擬定有效的投資策略，藉此使投資不會失敗。

第二，閱讀財經相關書籍

一開始建議從簡單的書籍開始。我一開始也以為很厚的書就是好書，所以沒想太多就把百科全書類型的書當成第一本書，結果我讀了整整五分之一後就覺得太難而打消念頭了。那時我根本還沒正式開始就被嚇到差點要放棄。

有次我透過我經營的社團收到了一封信：

「宋事務長您好，我是○○○，這次在朋友的推薦之下加入了幸福理財的大家庭。之前我非常鬱悶，這次帶著絕對不要重蹈覆轍的覺悟寫信給社團管理員——您。想到您讀這封信的時候，起碼會看見我的暱稱，所以中間都沒有放棄。

其實我從三年前就開始學習房地產，不過當時第一本書選錯了，導致我還沒正式開始就已經放棄了。那本書難到我連一頁都很難翻過去。我越讀越懷疑『我真的能投資這麼難的東西嗎？』，越讀越害怕『我好像沒辦法投資房地產』。

然而，不久前偶然聽到三年前開始和我一起開始學房地產

的朋友的近況。聽說他靠投資房地產賺了很多錢，當然收入也很令人羨慕，但那朋友的表情和整個人散發的感覺整個都變了。我最羨慕的是他身上充滿一股不知從何而來的自信。

『如果當時我沒有放棄，現在應該就跟他一樣了……』

雖然不能怪別人，但我一想到當年選錯第一本書而落後他三年就覺得很遺憾、很後悔。

可是，不能就這樣留下後悔。當我親眼目睹他朝著這條路邁進而成功，就產生更大的確信：萬一我放棄就無法成功了。

為了不要再像之前那樣後悔，我會在宋事務長的帶領下跑完全程！」

選對書就是這麼重要。還好這個故事的主角雖然晚了一點，但還是重新開始，不過大多數的人都因為選錯一次而一輩子放棄變成有錢人。這是多麼可惜的事啊！

並不是頁數多、內容豐富就代表一定是好書。符合自己水準的書才是最好的書。我希望你一開始就先選簡單的書，藉由那本書瞭解基本用語或關於投資房地產的整體過程後，再逐漸透過值得信賴的書拓展範圍，如此持續學習房地產，這樣就不會發生因為選錯書而中途放棄的事了。

應該會有人問：「對啊，我知道要選簡單的書。但是要怎麼從市面上出的那麼多書本當中選出好書呢？」只要仔細觀察就

能發現市面上有多到數不清的暢銷書，暢銷書不等於是好書。有很多書快速變成暢銷書之後就徹底消失了。這些書一開始用某種方法（？）變成暢銷書，後來卻被既有的讀者拋棄了。意思就是，如果內容很好，在讀者間應該會有好口碑而長久留存。因此，在你擁有懂得挑書的眼光之前，建議以長期暢銷書為主來選擇。長期暢銷書顧名思義，就是長期受讀者愛戴的書。長期暢銷書並非行銷手法能創造出來的，實際上要由讀者們口耳相傳才有可能。如果從長期暢銷書中選出簡單的書開始讀起，不知不覺間，你不用仰賴排行榜就能判斷這本書有沒有你需要的資訊。

然後，在你買書前要從作者簡介和目錄開始看起。透過檢視作者簡介和目錄裡寫的投資案例，來確認他只是會談理論的人還是實際的投資者。我不讀光說理論的人的書以及不是有錢人的書。因為他們把自己包裝得有模有樣，實際上卻沒有什麼可以學習的。而且就算他是投資者，重點是他現在是否仍在投資。投資的答案會一直改變，所以現在還在實戰中的人才能告訴你最棒的資訊和技巧，讀這種人的書總是能得到超過書本價格的東西。

選好書之後，就是要完全吸收書本內容。就像前面稍微提到，敢拿自己的名字出書的作者，至少一定會公開兩三個獨門技巧，讀書時學會這些技巧是很重要的。也就是說，讀一本書

的時候，要訂下目標「我一定要學會兩三個技巧」。

那麼究竟該怎麼做才能吸收書本內容呢？

舉例來說，如果書中作者提到自己買了一個破舊的地下室店面，後來因為價格上漲而賺到錢，那麼你可以直接去找條件相近的物件看看，然後想像一下怎麼讓店面價格上漲。光是用想的也不錯。像這樣直接尋找那物件、想像它改變後的樣子，就能累積有深度的間接經驗。

而且，你看到作者賺大錢的投資案例時，可以分析看看，作者為什麼會投資那個房地產？挑選物件到獲利的期間，他是怎麼處理的？在這個案例中，什麼是作者認為的投資重點？當你記下分析結果、隨時拿出來看，讓自己漸漸熟悉這種投資方式，這麼一來之後看到條件相近的物件時，就擁有能馬上判斷好壞的眼光。

如果用這種方式學會一本書的重點，就算不讀很多書，也充分能累積實際投資時所需的知識。

第三，累積深度的間接經驗

我學習房地產都是靠自學的。其實當時我的環境也只能自學，我晚上六點上班、早上四點下班，別人下班時間就是我的上班時間，別人上班時間就是我的下班時間，除了顯忠日（譯注：韓國紀念為國捐軀者而有的節日）之外，夜店一整年都沒休息，所

以我沒有別的辦法。我沒辦法上誰的課、沒辦法認識對房地產有興趣的人，無法建立人脈。

在夜店裡吵雜的休息室和我狹窄的房間內讀書就是我所有能學習的方式，但是當我憑著自學累積的知識開始實際投資時便開始大放異彩。在實戰中，我以非常驚人的速度投資成功。之所以能在實戰投資中表現卓越，短時間內輕易成功投資各種標的，原因只有一個，那就是許多的「間接經驗」。多虧我吸收前輩們的經驗，當成我自己的經驗。

我沒辦法參加投資聚會聽其他人的經驗談，或是抽出時間上課來掌握投資方向，於是我積極利用許多成功的投資者寫下的經驗談。就像考生閱讀已經考上的學長姊的筆記，藉此掌握讀書方向一樣。

我找到當時規模最大的房地產網路社團後加入，社團裡有許多會員分享自己的經驗。我瀏覽一次後，列印出其中我認為對我有幫助的成功經驗和失敗經驗，然後隨身攜帶、反覆閱讀。你可能會問我成功經驗可以理解，但為什麼連失敗經驗都要讀呢？當然啊！失敗經驗的重要性也不亞於成功經驗，因為也要有失敗的間接經驗才能避免犯下同樣的錯誤。

很真實的間接經驗帶給我的效果跟直接經驗一樣。所謂「真實的間接經驗」是指按照作者所寫的、按照他的腳步跟著做一次。這麼一來，雖然是間接經驗，也算是把別人的經驗變成

自己的了。

　　不過，分享經驗的人目的不在於教學，不會像書本這樣為了傳達資訊而寫得很具體。所以在讀別人的經驗時一定會有好奇、想再多瞭解的部分。

　　打個比方，當你讀到有人說「我買了低層多戶建築後，每個月可以收到兩百萬韓元的租金」（譯注：韓國「低層多戶」指樓層數在三樓以下，總面積不滿660平方公尺的一層多戶住宅。）。你一定會好奇這經驗的主角為什麼要選擇低層多戶住宅。

　　除非作者故意隱藏所有的內容，要不然大部分的人光看一部分公開的內容就能找到該物件。你找到那物件後就可以去確認那物件的登記謄本。然後找出這物件的買入價格和賣出價格，甚至租賃價格（譯注：臺灣的狀況是，若為民國101年之前的房地產交易，就沒有房地產交易紀錄。此外，若不透過仲介租賃，民間自行租賃，則無法查到租賃價格。），這樣就能整理投資重點。透過這個方式就可以看得出作者為何會選擇這個物件，以及他是如何賺錢的。如果閱讀前輩們的經驗後再用這樣的方式演練過程，之後在實戰中第一次看到也不會陌生、不會抗拒，所以就能快速學會。

　　如果用這樣的方式尋找標的物，就能在過程中學到非常多的東西，而且這樣親自尋找而得來的知識不會輕易忘記。這就是能透過前輩的經驗中得到真實的間接經驗的方法。

　　用這種方式閱讀許多經驗談之後，會發現自己在實戰中掌握到了該怎麼投資的方向，也可以儘量減少失敗。老實說當時

我因為沒有人脈，無可奈何之下只能想到用這種替代方案來學習，但其實在實戰中閱讀許多人的經驗會比閱讀市面上的好書幫助更大。我看大家的經驗談時，就像熟悉的學長姊在跟我講話一樣，所以讓我自然而然地產生了一種動力：「原來只要我努力也能做到這種程度啊！」因為我覺得在社團張貼文章的人比出書的作者更像是跟我一樣的平凡人。如果看到熟悉的人做到，勢必也會有更強烈的念頭覺得「我也做得到」。

萬一你覺得社團裡的經驗談多到讀不完，那麼還有一個方法，就是以留言較多的文章為主來閱讀，因為那表示大家都對那篇文章有共鳴或是覺得很受用。這些文章都是免費的，隨著你如何活用這些經驗就能決定你以多快的速度培養實力。

現在除了社團之外，還有部落格、YouTube等，可以得到資訊的管道已經比過去多了非常多，因此只要稍微努力就能吸收更多各種人的經驗，轉換成自己的經驗。不過我建議你，要先確認這些在網路上的名人是不是透過投資致富？是否現在依然在投資？如果答案是肯定的，就再參考他的意見。

第四，跟著真正的專家走

上專家的課程是能縮短學習時間的很棒的方式，不過僅限於上「真正的專家」的課程。

以前只能透過出書才能以該領域的專家之姿亮相，但現在

能方便在各種平台開設如社團、部落格、YouTube等，所以任何人都能輕易對世界呈現自己的內容，不是非出書不可。這些平台變多了之後，好處是容易接觸各種資訊，但缺點是沒什麼實力的人也能裝得有模有樣，一副專家的樣子。問題在於，這些連自己都顧不好的假專家，竟然正在教其他人。他們都沒賺什麼錢，大家怎麼會覺得這些人身上有值得學習的東西？究竟要如何憑著那樣學來的知識賺錢？

　　光是拿運動來說，如果是跟社區裡最厲害的人學，就無法超越社區的水準，絕對無法跟國家隊學的人一較高下。房地產的領域也是一樣，跟誰學真的很重要，只有在實戰中實際獲取收益的人才能教你賺錢的方法。所以建議你，在照著什麼做之前，一定要確認他的實力能不能被檢驗。如果你聽了實力未經檢驗的人的課程或建議，反而會延長學習時間或是出現意料之外的問題，結果只有你吃虧，也可能導致你一輩子放棄變成有錢人。

　　我常常聽到學生說：

　　「宋事務長，其實我曾經在其他地方上過五百萬韓元的課程，不過現在沒有任何東西留在我的腦中。講師在上課前承諾說，一定會讓我們在上完課之後賺到超過五百萬韓元，所以我才鼓起勇氣購買了那個課程。那個講師在上課過程中會一一推薦物件給所有的學生。當時我在他的推薦之下跟著買了，不過

現在那個房地產想賣也賣不掉，讓我很傷腦筋。上完課之後，我跟他抱怨，結果他說會幫我賣掉，但是要我再給他錢。當然我也有不對。我現在想想，當時的我並沒有想要累積知識，只是想要輕鬆聽信別人的建議，所以就心存僥倖地買了。我希望以後我能具備真正的實力，不會被別人擺布，也不用倚靠別人。」

其實像這樣被假專家欺騙受害的人比想像中還多。還好上面案例的苦主並沒有放棄變成有錢人。

你會問我，那麼該怎麼做才能選出可受檢驗的真正的專家呢？只要看一個方面就能知道，那就是他的「財產」。只要確認他自己累積了多少資產、現在每個月收入多少就行了。雖然也要有實力，但問題在於沒有財產。那種人很有可能把初學者當成賺錢的手段，所以要是出事就可能會鬧出大問題。究竟他是假裝自己是投資專家、空有理論的人？還是真的是實戰專家呢？只要看作者簡介或講師履歷就能分辨。此外，還有一個方法是，如果他最近有寫專欄或文章，就要看看裡面提到有沒有提到投資案例。如果他的文章內沒有個人案例，只是談論別人的案例，或是充斥著對房地產市場的預測，卻沒有揭露自己的投資狀況，那麼他極有可能是個只是空有理論的人。選書的時候這個方法也用得上，所以希望你務必銘記在心。

挑選實戰投資書時，要像這樣分辨那是不是真正的專家寫

的書，不過我強烈建議一定要讀一遍在資本主義市場中建立龐大成就的世界鉅富們的書。當然透過好好投資、成功投資來獲得最大的收益也很重要，不過更重要的是能持續投資多久。不管他是靠房地產、股票、創業還是靠其他方式賺錢。在被資本主義市場認定為鉅富之前能留在市場很長一段時間的人，都是在無止境地反覆漲跌的市場中，理解每個時期的市場而賺到錢的人。

所以他們就像衝浪者乘著無時無刻不改變的巨浪一樣，知道在牛市和熊市中該採取何種姿勢，果斷地做出適合的決定而存活下來。這些鉅富的投資原則和面對市場的態度，將會成為往後你投資時非常具有參考價值的榜樣。

✎ 致富小技術 ⑭

變成有錢人的學習方法

1. 閱讀財經報紙
2. 看書
3. 瀏覽社團裡的經驗談（很真實的間接經驗）
4. 跟實戰中賺錢的專家學習

06 ————
「學會投資」，種子基金變黃金

你有聽過滾雪球效應（snowball effect）嗎？滾雪球效應是指山頂上的一個小雪球滾下後，會在滾動的過程中逐漸以等比級數變大。華倫‧巴菲特最先用「滾雪球」來比喻投資，後來這成了財經領域中很常使用的詞彙，這個詞彙非常清楚地表達投資的特性。透過投資累積財富的過程，就跟滾雪球變大的過程非常類似。

我在夜店工作的四年期間咬緊牙關存下了小雪球，也就是種子基金一億兩千萬韓元。我把這筆錢用來投資房地產，三年後翻了二十倍、七年後翻了超過兩百倍，現在速度變得更快，所以我的資產正以非常快的速度增加中。第一次體驗到財富增加的過程時覺得非常神奇。

不過，這裡有個絕對不能忽略的部分，那就是滾雪球效應不是適用於所有人。然而，這也不代表它就是突然從天而降的幸運。這絕對左右於實力，就是能讓錢滾錢的實力。

為了擁有能讓錢滾錢的雪球效應，最先要做的就是存下小雪球，也就是種子基金（seed money）。一定要知道，沒有種

子基金就無法賺到什麼錢。要不然只能像顧問一樣幫別人滾雪球、領取手續費，自己無法實際變成有錢人。要牢牢記住，一定要滾自己的雪球，自己才會變成有錢人。

　　我最常被問到的問題之一就是關於種子基金。「到底要有多少種子基金才可能變成有錢人？」、「種子基金很少的人也能變成有錢人嗎？」

　　每個人都會依據自己的狀況各有不同，但一般來說，適當的種子基金規模大概是五千萬到一億韓元。當然種子基金比這更少的時候還是有辦法能賺錢。不過，為了能在開始時心裡更輕鬆，這種程度的規模比較好。如果在手頭很緊的情況下投資，就要比較勉強地貸款，所以心理上會有壓力，而且在這種情況下，人會很著急，有判斷出錯的風險。當然還是有很多人能活用小錢投資來獲取可觀的報酬（後面會提到用少量的種子基金投資的方法）。不過如果想要更穩健、更妥善地投資，建議不要急躁地跳進來投資。

　　這麼說來，到底滾第一顆雪球的時機，也就是第一次投資的時機要從什麼時候開始比較好呢？

　　我的建議是，等種子基金存到某種程度、將相關的財經知識全都學完後再開始實戰投資比較好。偶爾會有些人輕忽存種子基金的過程，只是執著於學習，也有人存完種子基金後就想要草草結束學習，趕快開始投資。不過，如果想要變成有錢

人，存種子基金和全都學完任何一個都不能輕忽。

當然在學習的過程中，心裡會變得比較急躁。如果身邊一起學習的人已經開始賺錢，自己卻沒有任何成果，就會開始逐漸感到不安，想要趕快真正操作投資面。在不安感圍繞之下，就會有不像話的想法「學到這種程度應該可以了吧？」，但這時最要小心。如果無法控制瞬間的著急，十之八九就會因為心急而勉強地投資。

初學者至少一定要記得一件事，比投資第一個物件更重要的是全都學完！

我的第一個投資原則就是「不要賠錢」。以前是這樣，現在也是這樣，比投資更重要的是就是不要失去你已經擁有的。

我從一開始投資時就沒有百分之百相信所謂專家說的話。因為就算聽了他們的話之後投資，他們也沒辦法彌補我的損失，我知道我就是要完全承受損失的人。就算我現在已經是有錢人了，我依然會先檢視投資標的確認會不會賠錢，也就是說是不是保本的投資，之後才會開始計算收益。所以就算預期收益很高，如果是我不瞭解的領域，我也絕對不會投資。因為完全不投資比虧錢好得多更多。只要遵守這個原則，就能在決定該不該投資時變得很乾脆。

如果在還沒準備好的情況下就受周圍的影響投資不必要的東西，或是聽了別人的片面之詞後就投資，導致賺不到錢，甚至是虧損，那麼大多數的人就會徹底扔掉之前所學的，回到原

本的生活。所以第一次投資就是這麼重要。

我看過很多人對於自己第一次投資失敗相當自責，認為自己注定當不成有錢人，然後回到本來的生活。其實是因為他們在還沒準備好的狀態下就開始了，或是聽了別人片面之詞就決定投資，才會無法承擔第一次投資的損失。

不論哪個領域，如果能在第一次投資時賺到錢，就會產生興趣而容易持續做下去。我也是因為在第一次投資房地產的時候得到不錯的收益，才確信這個方法是正確答案。從那之後就更感興趣並專注在投資上。而且嘗過賺錢滋味的人，就算稍微遇到試煉也會激發出能撐過去的力量。所以我希望你牢牢記住，存好種子基金和學習完成比第一次投資的時機更優先。如果你能享受儲存種子基金的過程，並且在那段期間深度學習，進而完成學習，就一定會有好結果，所以值得確信。

┤ ✎ **致富小技術 ⑮** ├

比賺錢更重要的是不要賠錢。
就算學習時間延後，也絕對不要著急。
學完之後再投資也不遲。

決定投資項目的關鍵事件

　　我放棄找工作之後，一開始想到的是拿我在夜店存的錢開店，打算要創業來一決勝負。我設定種子基金的最終目標金額是一億韓元，然後開始打聽可以用五千萬韓元的本金經營的創業。我找的是能以五千萬韓元開始的創業，但我之所以把目標金額訂為一億韓元，是因為如果第一個創業不順利，還可以用剩下的五千萬韓元投資第二次。我有確信至少第二次嘗試時會成功。

　　我在準備創業的過程中為了提升賺錢的理財能力，決定要擴增我的經濟知識。所以從那時起不只是跟創業有關的書，只要是提到財富、有錢人、成功、理財、股票、房地產等相關詞彙的書名，我也統統都讀了。但是，讀了很多書不代表就立刻能實行什麼，反而覺得腦中的東西一團混亂，沒有整理。後來我在偶然間因為一件事決定要全力以赴學習房地產。

某天，爸爸打電話給我著急地說：

「我們家附近的社區大樓有一間急著要賣，屋主說馬上要回美國，所以願意賣得比市價更低。」

「爸爸是叫我買那間房子的意思嗎？」

「對啊！我認識那個屋主，他真的很急，幾乎是用租的價格出售，所以叫我考慮一下。」（譯注：韓國租屋時須繳交的押金相當於房價的五成到八成。這裡提到用租的價值是指押金。）

「喔……這樣啊！我知道了。我去打聽一下。」

我腦中一團混亂，他說會賣得比市價更低，但我完全沒有頭緒之後該怎麼做。雖然我持續在學房地產，但之前幾乎都專注在存種子基金上，所以我在還沒準備好的情況下突然開始煩惱要不要投資。

當時網路還沒有發達到可以查詢房價，我無從判斷那間房子的房價高低，於是立刻前往房屋仲介公司。我在那裡查詢房屋買賣價格和租賃價格，發現那位屋主開的價格真的比其他房子還便宜，便宜了兩千萬韓元以上。我覺得這樣應該不會吃虧，所以立刻簽下買賣契約。

我就這樣購入了一間社區大樓，不過這間房子在兩個月內出現驚人的成果：市值增加了五千萬韓元。我買這間的時候有

貸款，所以我實際投入的金額總共是三千萬韓元。我在兩個月內以三千萬韓元賺到五千萬韓元！這是我這輩子第一次透過投資賺到一大筆錢。

我真的很開心。不過，另一方面我覺得很空虛。之前我為了存種子基金省了又省、在夜店拚命工作了好幾年才存到的金額，竟然短短兩個月的時間就賺到了。那瞬間我切實感受到光憑勞力賺錢的人以及透過投資賺錢的人之間的差異。我透過這次經驗開始對投資房地產產生信心，決定放棄我之前所學、帶我入門的股票、匯率和債券等其他領域，專心邁進學習房地產。

我下定決心要正式學習房地產之後，繼續閱讀跟房地產有關的書，努力理解房地產的價格會以何種方式上漲。在不斷消化許多書上的內容後，逐漸建立屬於我的投資原則。這麼做之後，我最後下了一個結論，買房地產之後，不要光是期待價格上漲，而是「從我購入的瞬間起投資就要賺錢」。如果要做到這點，就要有能力選中比市價更便宜的房地產。就像股票也有價值投資法一樣，房地產投資的核心在於選到被低估的房地產。

當我把焦點放在這件事情上之後，我看到在了我所學的方法當中保本的投資方法，也最符合我的投資原則「從購入的瞬間起就要賺錢」，那就是現在我也最喜歡的購入方式「法拍屋」。

那時我覺得我已經學到某種程度，應該要結束我的夜店樂團生活，準備進入全新的世界。之前這個樂團裡也有很多人做音樂到一半，懷抱大夢想出社會，後來卻創業不順，被社會狠狠地削了一頓，重新回到夜店上班，所以他們聽到我要離開時相當擔心我，也事先安慰（？）我。不過，我覺得就算我真的失敗了，也絕對不會回去。相較於擔心陌生的世界，面對全新挑戰的炙熱的熱情讓我更有力量邁進。我就這樣畫下了在夜店上班四年半的休止符，由於我幾乎不太消費，結果離開夜店時，我的戶頭比我的目標金額還多，我存到1.2億韓元的種子基金。

　　之前都是在孤立的狀態中一個人自學，所以會因為無法衡量我的水準跟別人相比是到什麼程度而擔心。不過，出社會後，很意外地發現很多人都沒有深入學習就投資了。我非常驚訝，原來大家都很短視近利，幾乎沒有人能在投資時看見市場整體的脈動。

　　實際開始投資第一件法拍屋時，我也很驚訝原來所有的流程都能非常輕鬆解決，而且原來我在書上和網路經驗談中學到、練習的一切都能照著運用，真的很神奇。之後我到法院看法拍房，只要有好的物件，我就持續得標又得標，於是我在很短的時間內購入了好幾個房地產，幾乎都快把我擁有的種子基

金花完了。

　　那時偶然看到律師事務所在徵人，他們想要找懂法拍屋的人，我覺得當時是累積經驗的好時機，所以報名後就加入了。在律師事務所工作不是為了賺錢，是為了累積實務經驗。那裡連週末也要上班，但薪水頂多只有一百萬韓元。不過我在那裡工作時非常開心，不在乎收入多寡。那裡是專門賣法拍屋的地方，我負責實務，也能累積之前只是看書學的淺薄法律知識。而且我還拜託律師讓我看所有跟法拍屋有關的訴訟案件紀錄。

　　這樣過了六個月之後，對於法拍領域常見的問題，以及該如何處理等等，我已經瞭解到某種程度。從那時起，不只是我個人的投資物件，連別人無法解決的複雜物件我也能乾淨俐落地解決。這消息甚至也在法院的員工間傳開，他們說遇到複雜事件就要去找宋事務長。連出過書的作者也接二連三地找我幫忙解決自己無法解決的事件。

　　很多人問我為什麼我的暱稱是宋事務長，就是因為當時在法律事務所的時候，我的職稱是「事務長」的關係，所以我在網路上也沿用「宋事務長」這個稱號。我在網路上用宋事務長的暱稱開了許多專欄，相當活躍，甚至還出了書，現在知道我的暱稱的人比知道我本名的人還多。

如果沒有經歷過律師事務所的階段，只是想憑個人經驗來累積實力，勢必會花上更久的時間。然而，在律師事務所帶領法拍組時，我不只是處理我個人的投資物件，連委託人的事件都親自處理，有了這些經驗後，才能在短時間內累積真的相當多樣的關於房地產的技巧。

累積能解決複雜物件的技巧後，我個人的投資也更輕鬆了。其實真的有很多能賺大錢的物件，卻因為太過複雜，導致一般人難以靠近。老實說就連當時我還是覺得這些東西只有法律專家才能解決，其他人無法提出答案，所以那是屬於他們的世界，我只能安靜地離開。這時我覺得已經學完了賺錢的技巧，以後變成有錢人只是時間問題。

於是我再次下定很大的決心遞出辭呈。律師收到離職信後開出最優渥的條件，並說：「從來沒有像你這樣的員工。」但是我已經有我設定的目標，所以還是選擇毅然決然地辭職。現在回想起來覺得很謝謝他，他對選擇要離職的我說，一輩子都不會讓其他人坐我的位置，會繼續保留那個位置，我任何時候都可以回去。在我離開之後，他還派人勸我回去高達三次之多。

不過，我有更大的藍圖。我不想走已經定下好的路，我總是警惕自己，不能安逸地留在原地。對於年輕的我而言，比起

獨自賺大錢，我想做更有意義的事，所以我創設公司。我想要把不只對我有幫助，也對其他人有幫助的技巧分享出去，所以我也創立社團。雖然我走得很艱辛，但我希望當別人照著我的步伐走的時候能走得輕鬆一點。因此，我一五一十地寫出我的實際經驗《拍賣術》（譯注：台灣尚無中譯本）。有人評價說，這本書為法拍屋普及化貢獻良多。而且這本書更加深了大眾對「宋事務長」這個暱稱的印象。

在成為真正的有錢人之前
需要知道的事情

07 ———
理解槓桿，善用貸款
就能更快變成有錢人

　　我們大部分的人都是跟父母學習理財的。家家戶戶教的幾乎都差不多，無非是「拿到零用錢之後要省著用，要把錢存起來」、「不要欠別人錢」、「欠債是人生失敗的捷徑」之類的。因此，即使長大成人了，大家仍舊自然而然地認為節儉是至高無上的美德，欠銀行錢的「貸款」無論如何就是不好。

　　然而現實是，普通上班族無論再怎麼省吃儉用、想盡辦法多存一點薪水下來，還是很難在首都圈購入一間房子。在早期利率高的年代，光靠儲蓄也能賺錢，但現在已經不是這樣了。現在如果一味地堅持使用過去的方式就無法變成有錢人。所以，為了變成有錢人，應該捨棄普通人的方式，改用有錢人賺錢的方式。

　　有錢人喜歡計算「效率」，經常苦思該怎樣才能讓小錢發揮最大用途。因此，有錢人都會積極利用貸款，也就是所謂的「槓桿」。

　　光是說「活用槓桿更好」說上幾百遍，倒不如舉例說明來得

更容易理解，更能觸動人心。以下透過我的實際例子，讓我們瞭解一下有錢人是如何利用槓桿，而利用槓桿又有多好。

我以1億7,500萬韓元，購入一間住辦大樓，然後以押金1,500萬韓元和每月租金135萬韓元的條件出租。我想透過這個例子，比較一下完全只使用我的資本（100%現金）進行投資以及利用槓桿進行投資時的投報率。但是，這裡只計算租賃收益，不包括買賣價差。

首先，如果百分之百用現金投資，投資金額將達到1億6,000萬韓元（購買價為1億7,500萬韓元－租賃押金1,500萬韓元）。年收益為1,620萬韓元（月租135萬×12個月），這種情況的投報率約為10%（收益1,620萬／投資金額1億6,000萬×100%）。

但是我購買住辦大樓時，總價的八成是跟銀行貸款的，即1億4,000萬韓元。如果按4%的貸款利率計算，每月需負擔約46萬韓元的利息，但我實際投資的金額為2,000萬韓元（購買價1億7,500萬－貸款1億4,000萬－押金1,500萬）。

扣除貸款利息後，每月獲得的淨收益是89萬韓元（月租135萬－利息46萬），年收益是1,068萬韓元。計算一下，當時的投報率約53%（收益1,068萬／投資2,000萬×100%）。其實在這個例子的物件中，實際貸款利息不到4%，因此我獲得的收益比這裡算得更大。

現金100% 投入	
購買價	1億 7500 萬韓元
（一）租賃押金	1500 萬韓元
實際投資額	1億 6000 萬韓元
月租	135 萬韓元
年收益	1620 萬韓元

▼

實際投資額	1億 6000 萬韓元
年收益	1620 萬韓元
*投報率	10%

運用槓桿	
購買價	1億 7500 萬韓元
（一）租賃押金	1500 萬韓元
（一）貸款金額 （總價的八成）	1億 4000 萬韓元
實際投資額	2000 萬韓元
月租	135 萬韓元
（一）貸款利息 （利息4%）	46 萬韓元
每月淨收益	89 萬韓元
年收益	1068 萬韓元

▼

實際投資額	2000 萬韓元
年收益	1068 萬韓元
*投報率	53%

*投報率＝年收益／實際投資額×100%

　　如果像這樣懂得運用槓桿，將會獲得跟百分之百只靠自己的資本投資時無法相比的投報率。單以現金投資時，年收益為1,620萬韓元，活用槓桿時，年收益為1,068萬韓元，乍看之下，年收益更多的前者不是更好嗎？

　　但是請想想看，前者花了1億6,000萬韓元，後者只花了2,000萬韓元。因此，以後者方式投資的人還剩下1億4,000萬

韓元。如果你只想好好存這筆錢，就表示你還沒有完全具備有錢人的思考方式。錢並不是拿來供養的，應該要讓錢能繼續滾錢才對。因此，利用貸款的人可以用剩下的1億4,000萬韓元多購入七間相同的住辦大樓！這麼一來，月收入將達到712萬韓元（89萬韓元×8間），年收入將達到8,544萬韓元（712萬韓元×12個月）。

在不瞭解投報率的意義時，可能會覺得收益較大的前者投資更好。簡單來說，投報率就是證明你的錢有多賣力滾錢的指標。數值越高，表示你的錢越努力滾出更多的錢。

現在你能確實地看出高下了嗎？擁有同樣多的金錢時，不懂得運用槓桿的人年收入是1,620萬韓元，懂得運用槓桿的人年收入是8,544萬韓元！

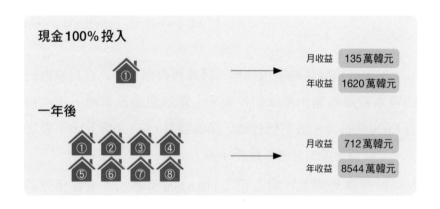

透過這個例子可以看出，讓錢能最大限度地滾錢的方法，就是利用槓桿。為了最大限度地有效地運用資金，必須放棄普通人所既有的刻板觀念，亦即對「貸款」的負面思維。如果只想要利用自身擁有的資本，那麼累積財富的速度必然會變慢，這樣只會讓自己離「有錢人」的道路越來越遠。

這種時候不免會先擔心要負擔利息。但是，只要記住一點就行了：

「只有在每個月收益高於貸款利息的情況下才能跟銀行貸款！」

事實上，收益低於貸款利息的投資也算不上投資，那種投資是絕對不能做的投資。前面強調「比起著手開始投資，更重要的是要先學完投資」的原因也是這個。如果學完投資，就能培養出精準眼光而挑選好的投資標的，也就是收益高於貸款利息的房地產，所以不用擔心。

但是，在投資房地產時，利用貸款並不全都是好事。在購入房地產時使用的貸款中，也分好債和壞債。如果是為了購入自己想住的房子而跟銀行借了過多的錢，就是所謂的欠了一屁股的債。顧名思義這種情況下，完全由你來負擔債務，是屬於不好的債務。由於沒有額外所得來抵消貸款利息，使得大部分的薪水得要用於償還貸款利息及本金，這將會導致生活過得非常吃緊。

反之，如果購入的房地產能拿到租金，講得更仔細一點，就是指扣除貸款利息後，每月還是有淨收益，那麼貸款便能夠最大限度地提高投報率，這是非常好的債務。

　　我現在購入房地產的時候，也會最大限度地有效利用槓桿。過去是這樣，以後也會是這樣。我曾經利用槓桿，實際用262萬韓元的現金購買了價值2,877萬韓元的別墅，之後再以押金1,000萬韓元和每月租金45萬韓元的條件出租。扣除貸款利息後，這間別墅每個月帶給我30萬韓元的收益。由於我持有這間別墅四年又兩個月，因此透過該別墅獲得的租賃收益是1,500萬（每月租金30萬×50個月），出售該別墅時，由於開發利多，地價上漲，甚至讓我獲得了1億1,438萬韓元的買賣差價。

　　很令人驚訝，不是嗎？我讓262萬韓元幫我滾錢，結果一共獲得了1億2,938萬韓元的收益！

　　而我在購買3,920萬韓元的住辦大樓時也利用貸款，實際投入的投資金額不到1,000萬韓元；購買1億3,800萬韓元的住辦大樓也得到銀行貸款和承租人的押金，用不到2,000萬韓元的現金入手。這些房地產都是肯定能收到明確的租金，所以我可以無後顧之憂來利用槓桿。

　　為了成為有錢人，就應該懂得像這樣合理地利用槓桿。只想用自己的錢投資而不貸款的人，和懂得利用槓桿投資的人，十年後的結果是無法相比的。

難道你只想把錢放在銀行，讓銀行運用你的錢嗎？有這麼好的制度可以使你迅速致富，有什麼原因不用？

只要記住這一點。在「收益明確」的投資中，要最大限度地運用槓桿！就像銀行運用你的錢來賺得飽飽的一樣，你也要積極運用銀行的錢來增加你的財富。

✎ 致富小技術 ⓰

一般人只想用自己的錢投資，有錢人則會利用銀行的錢投資。

如果每月收到的租金比貸款利息高很多，那麼積極利用槓桿也是安全的。

08 ————
轉換成
有錢人的思考模式吧！

　　我在許多次的經驗中感受到，如果用跟普通人一樣的視角來看待就無法創造出機會。所以我在不知不覺中逐漸養成了一種思考習慣，看到某個物件時，我不會只看表面來判斷，總是會反向思考。

　　看看那些變成有錢人的人，大部分都是因為擁有不同的視角而掌握了機會。有錢人常常努力不落入一般人建構出來的成見中。像這樣不單看表面，而是能看見另一面的就是有錢人的視角。

　　我們光是聽到商品名稱，也會想到它常見的形象，也就是所謂的成見。假設有一棟乾淨的套房和一棟老舊的考試院，要你選其中一個，你會選哪個呢？（譯注：韓國考試院為一種房屋型態，結構類似雅房，通常只有床、衣櫃和書桌，沒有獨立衛浴。專門租給考生，故稱為考試院。）

　　大部分的人都會選套房。因為不僅現有的外觀很重要，想

到套房就會想到能租給衣著整齊的社會新鮮人，然後房東每個月都能收到房租；想到考試院就會想到陰暗的氛圍、老舊的房子，到處都是待洗的衣物。這就是普通人被成見框住的視角。

「我記得宋事務長之前在找考試院，現在我發現有一棟很便宜的，要不要看一下？」

「看來是很不錯的喔！價錢多少？」

「我確定真的比市價更便宜。我打聽過，它已經上架一年了，但是都賣不出去。不過有一個部分比較尷尬，它裡面沒有個人的廁所，每個房間只有淋浴間。但我覺得宋事務長應該會很滿意，所以才打電話通知您。」

「好，我知道了。我來看一下。」

這通電話是常常協助我交易的仲介打來的。我之前跟他說過，就算是很老舊的考試院，只要價格便宜、交通條件不錯，我就會買，所以請他幫我打聽看看，於是他打電話跟我說他找到了。

我立刻去物件的現場看。我看建築物外觀，可能是因為太久了，油漆都掉得差不多了，真的很難看。我一眼就知道為什麼這間這麼久都賣不出去。這棟考試院是屋主自己經營的。我直接進去裡面親自跟屋主談，相較於仲介修飾後的簡介，我更

想聽經營者說的話。

跟女屋主對話後，我決定要買這棟房子。不僅如此，連屋主持有的附近的另一棟，我也決定要買。屋主經營考試院超過十年了，但因為設備老舊，空房才開始慢慢增加。她說之前賺了不少錢，所以是可以多投資一點錢改裝這裡沒錯，但因為自己年紀大了，現在想要在鄉村住宅中休養。這裡一直給人的印象都是考試院，所以很容易出租，卻不容易賣出。屋主看到我這麼年輕竟然會想要買這種老舊的考試院，覺得又歡迎又神奇，所以一直盯著我看。

這棟考試院離捷運站走路只要一分鐘，總共有六十七個房間，但超過一年都還沒賣出。沒有任何人有興趣。為什麼會這樣呢？因為不僅建築物外觀很老舊，內部也很老舊，完全是一般人想像中的灰暗考試院。不，實際上更接近恐怖片裡面會出現的房屋。她買下這棟樓後都沒有維修，直接出租到現在，她曾經找過專人幫忙，但那個新來的專人一天內就放棄了。

不過，我並沒有因為這個房子的現況而退卻，從我買下的時候開始，我就不是想著它的現況，而是只想著它改變後的樣子。我沒有把它當成考試院，而是想成靠近捷運站的六十七間精緻套房。

同一個物件會隨著你怎麼解釋而讓你完全改觀，決定要不要投資。我想像它改造後的樣子而珍惜這間房地產，其他人只

看到它的現況就判斷說它很糟。

我買下這個物件後進行大翻修，後來租金價格上漲，結果怎麼樣呢？之前一個房間的價位是18到22萬韓元，但現在的價位是40到60萬韓元，在翻修後的兩個月就全都租出去了。

這段時期包含這個物件在內，我總共買了八棟考試院。轉換成有錢人的視角時就會看到不錯的投資標的，大膽地買下任何人都不會有太大興趣的物件，所以才能安安靜靜地變成有錢人，不用跟其他人競爭。

其實我之所以會對考試院有興趣，最一開始是因為興起共享住宅的風潮。共享住宅的方式是，先以低價租下老舊的單獨住宅（譯注：意指所有權人只有一人的房屋）或是社區大樓，然後翻修得很乾淨，再找好幾個人一起共同合租（譯注：意指台灣二房東的概念），如此賺取收益。舉例來說，某人以押金500萬韓元、每月租金30萬韓元的條件租下，布置得很漂亮後，再另外找三四個人一起合租，這樣總共會收到130萬韓元的租金，扣除本來要繳的30萬韓元，剩下的100萬韓元就是額外收入。真的是很簡單的投資方法。換句話說，只要付得出租下房子時要交的押金，然後稍微翻修那間房子，就能跟其他室友收房租賺錢。

共享住宅的熱潮持續延燒，不只是一般人，連企業也開始進入這個市場，他們還可以裝修整棟。我發現共享住宅的費用並不算低，但供給卻增加了這麼多，我便確認到一人租屋市場的需求非常大。

我發現一人租屋需求很大之後，就開始想像我能不能買下交通條件好的考試院，裝潢到共享住宅的房屋水準。高級考試院會有獨立的寢室和浴室，所以如果我是在考慮要不要住進共享住宅的房客，我覺得我一定會毫不猶豫地選擇高級考試院，所以從那時我開始尋找適合的考試院物件。

這個猜測完全命中。我買下老舊的考試院、翻修到共享住宅的水準後，租金價格比原本的考試院高了三成，卻相當搶手。也就是說，需求一直都有，但都沒有地方提供這種住宅。

如果能像這樣以有錢人的視角來觀察，就連大家沒有興趣的物件也會變成能賺錢的標的。所謂有錢人的視角說穿了，沒什麼特別的，就是在其他人沒有興趣的某個事情上洞察到了可能性。能發現不明顯的需求就是有錢人的視角。

如果用跟別人一樣的視角看世界就只能走跟別人一樣的路。如果想變成有錢人，就要擁有跟一般人不同的有錢人的視角。要記住，大眾只會看到現在的面貌，但有錢人會想到它改造後的樣貌並決定投資。

如果你能以有錢人的視角看世界，從那時起就能開始清楚看到金錢聚集或是散落的機制。

┌─┤ ✎ **致富小技術 ⑰** ├─

所謂有錢人的視角，就是指能描繪出未來改變後的樣子，而非物件現在的樣子。當然在那之前必須要掌握需求。

09 ——————
把成功人士留在身邊

你覺得我們做決定的時候最容易被什麼東西影響？我不確定你有沒有發現，那就是身邊的人的意見。如果到了要下重大決定的瞬間，你應該通常都會問身邊的人的意見，尤其是跟你做過類似決定的、有經驗的人的意見。

再舉個近一點的例子好了，想一想你要在網路上買某個商品時，你會比較相信商品說明和廣告首頁？還是買過的人寫的評論或使用感想呢？假設你需要某個商品，但是你還沒決定要選哪個品牌。你進入 A 牌的頁面後，一眼就看到了負面評價，想必你應該會立刻關閉視窗，開始搜尋其他品牌的商品了。

你不僅是用這種方式買小商品，連你活到現在要做出比較重大的選擇時都會受到身邊的人意見的影響。

所以結果是什麼呢？

買上千萬到上億韓元的車子時，明明你心中已經有選定的車種了，卻還是會因為身邊的朋友或是買過的人的建議而改變車種，甚至連你考大學時也是一樣，可能影響你一輩子的科系也會在一夕之間因身邊的長輩或學長姊的建議而改變。

就像這樣，隨著身邊的什麼人給的什麼建議會改變你購買的商品、改變你的前途，甚至改變你的一生！

我撐過在夜店四年半殘酷的準備期間後，為了用房地產投資一決勝負而開始準備要進入社會。當我在學習房地產的過程中，感覺房地產投資中的「法拍屋」會有相當大的利潤，所以專注地學習，也決定往後的投資方向就是法拍屋。剛好那時聽同學說他認識一個人從兩年前開始跟法拍專家一起工作，所以我為了聽聽先體驗過那領域的前輩的建議而跟他見面。我到現在對於他笑著跟我說的話還記憶猶新：

「現在要靠法拍屋混口飯吃會很辛苦喔……以前是很好的，但好的時期已經都過了。你去學其他領域吧！我以前也像你這樣抱持很大的希望進入這個領域，但我試過一年之後覺得不對勁。所以我現在打算不做了。」

我當時充滿期待想要進入這個領域，但他說的一句話就足以打擊我。說得彷彿他對投資法拍屋無所不知、無所不曉，邊發牢騷邊給我建議，就連當時自詡為精神堅韌的我也很難忽略擁有經驗的他給的負面評價。

不過，很慶幸的是（？）當時我別無選擇，一定只能在這個市場一決勝負。所以雖然我已經決定要照我的決心努力挑戰，但我想大部分的人在聽到身邊有經驗的人或從事相關領域的人的負面言論後，都很難死守著自己的選擇。

如果我光是聽那個人說的話，在開始之前就放棄這條路，那麼會怎麼樣呢？這就留給你們自己想像。

　　就像這樣，身邊的人的建議可能會有益處，但相反地也可能會妨礙你。因此身邊有什麼樣的人是非常重要的。你不知道你會因為聽到身邊的人給的什麼建議而怎麼改變你的人生。

　　當然身邊的人在你的未來也很重要，但對於想要變成有錢人的你而言，人生中最重要的時機就是學習變成有錢人的時機，所以這時身邊的人對你而言是特別重要的。在這時機要致力於打造出能讓你跑完全程的環境。

　　如果你跟身邊的人說：「以後我會有錢到好幾年都不用工作。」那麼你身邊的人會有什麼反應？你應該很難從他們身上聽到你想聽到的回答或鼓勵。他們反而會以奇怪的眼神看你，說：「不要做那種白日夢。如果有那種方法，大家早就都是有錢人了啊？你投資後又沒保證會成功，何必浪費錢，在你本來的工作上好好努力就好了！在空檔享受休閒也不錯了啊！」他們很有可能把你的希望消滅殆盡。上面這段話就是夜店的同事聽到我的夢想後吐槽的。如果對方不是有錢人，結論應該都是差不多，只是程度的差異罷了。

　　因為有過這樣的經驗，所以我最防備那種沒準備好而挑戰失敗的人。我不是因為他「失敗」而防備他，問題在於「他是沒

準備好」才失敗的。

　　當然挑戰新的領域時不能只看好的一面。為了避免失敗，前人失敗的經驗比成功的經驗更有幫助。如果有人可以說出自己是因為缺乏哪個部份而失敗，就可以幫助你減少失敗。

　　然而，問題是，大部分失敗的人都想要隱瞞是自己不夠好才有不好的結果，因此都傾向於只是一味地否認那方法。而且這種人的特徵就是特別會高談闊論，講得一副好像自己什麼都懂的樣子。

　　就算只是做了惡夢，整天都會心煩意亂、焦慮不安，如果在做人生重大決定的瞬間聽到什麼難聽的話，就有很高的可能性會因為不安而放棄開始。因為聽到負面評價後，往往會在開始嘗試前就心生畏懼、無法正常判斷。

　　基於上述原因，我不太跟那些隱埋自己的不足、只是否認市場、講話大聲的失敗者聊很久。他們沒有徹底準備，也沒有好好努力過，不知道自己缺乏什麼，所以他們的話連一點點都不值得學習，只不過是失敗的經驗。

　　要牢牢記住，你身邊的人失敗過，不代表那領域的所有人都失敗了。我開始投資法拍屋時，聽到別人以看衰市場的氣勢說：「法拍屋已經到盡頭了！」但我還是成功，變成了有錢人。

　　你問我，在我投資法拍屋後，狀況有好轉嗎？並沒有，我開始投資後，反而有很多狀況惡化，幾乎沒有好轉的。現在也

一直常聽到有人說：「法拍市場已經飽和了，以後很難再透過法拍屋賺錢了。」大部分會說這種話的人都是沒付出什麼努力就失敗的人。

在別人都說時機不好的時候開始的人不僅僅是我，我的學生當中很多人也跟我一樣老神在在，不過我真的培養出很多有錢人。我們並不是配合時機開始投資，而是順應每個時機持續投資。充分努力的人不會抱怨時機，而是抱怨自己努力不夠。重點是，大家都在同樣的時機、同樣的領域中挑戰，但是有人失敗，也確實有人成功而變成有錢人。任何領域都一樣，不論景氣好壞，失敗和成功的人都是並存的。景氣不會一直都很好，所以要學習在不好的景氣中也能變成有錢人的方法。不需要浪費時間聽那些失敗經驗、抱怨自己命不好的言論，讓你懷疑自己。把值得學習的失敗故事當成他山之石，然後把成功的人當成導師吧！

在這裡來介紹一個跟我同齡的朋友好了。

我加入羽球同好會三年多了，他是我在裡面認識的球友。雖然已經一起打球很長一段時間，但他到那時都還不清楚我是誰。我本來個性就是比較安靜，在陌生的環境幾乎太不會說話，就連跟熟識的人在一起的時候，我也比較偏好聽其他人講話，不太主動講話。如果不是跟業務有關的場合，我不太會硬要表明身分。

後來某天，他第一次向我吐露他在經濟上遇到困難，其實當時他在大企業上班。我跟他聊天後才知道，他之前在投資房地產的時候受到多達兩次的大挫敗，因為這樣的經驗，所以現在他除了上班之外就沒有另外再嘗試什麼了。

　　「你要不要學房地產看看？」

　　我本來並不是會主動說服人的類型。因為以前有些人很迫切地找我，後來卻半途而廢，所以主動說服的人會認為，對方沒有那麼迫切時，表示也有很高的可能會半途而廢。

　　他當時把孩子送到國外留學，不只要付國際學校的學費，還要負擔住宿費和生活費。這導致他就算在大企業上班，也覺得負擔所有的費用很吃力。

　　如果他對於現在的生活很滿意，我就不會硬要主動說服他，但我看到他在經濟上遇到困難，似乎真的很辛苦，所以才提議。可是出乎我意料的是，他揮了揮手，說：

　　「我已經有兩次的經驗了，我覺得房地產跟我不合。只要我買房地產，價格就會下跌，我賣了之後，價格又會漲回來。而且那又不是小數目，我真的覺得我這輩子無緣了。」

　　然後他接著說：

　　「真的很謝謝你為我著想。不過我身邊的人現在也都阻止我，我認識的人當中就有好幾個人投資了房地產，結果被套牢、錢拿不回來的。我覺得房地產真的不行，以後我也無心看房地產了……」

我聽他講完後，知道他自己過去投資房地產的結果不如預期，再加上一直聽到身邊的人失敗的經驗，導致他對房地產築起一道厚厚的高牆，甚至覺得乾脆一開始不要碰過房地產還比較好。這個人聽到身邊的人的失敗經驗加上自己的失敗經驗，因此更難相信。我決定要讓他明白為什麼他之前投資會失敗。

　　「那我問你一件事。你第一次投資房地產的時候，是充分學習投資後再決定的嗎？」

　　「不算吧……沒有到那種程度，我只是聽身邊的人保證一定會上漲。但是我沒有光聽到消息就投資喔！我去了附近好幾間房仲公司，聽了所有仲介的意見，是綜合那些說法後審慎地決定的。」

　　「只聽仲介公司的意見不能說全都調查了。而且仲介的意見也不一定都對，所以你的責任是聽完他們的意見後要去調查附近的市場趨勢等等，最後再判斷。為了要正確地判斷，需要事先學習房地產。那麼我請問你，你身邊那些勸你不要投資房地產的人，當中有人是做了很多功課，或是靠房地產賺大錢的人嗎？」

　　「沒有啊！據我所知，沒有人特別去學房地產。再說，學了又有什麼特別嗎？投資不就是要看時機嗎？」

　　「大部分的人都以為投資房地產是靠運氣，但絕對不是那樣。房地產一定要做功課。只要有做功課，就能大幅降低失敗率，明顯提高成功率。你所說的時機也是一樣，要學過才能精

準地掌握。不能只是聽傳聞、聽媒體煽動的言論來判斷時機。學過的人不會在聽到那種傳聞後混淆，而是能正確地判斷事實。所以房地產就是一個結果會有相當龐大差異的領域。」

講一句建議就期待他改變實在是太勉強了，尤其他又不知道我是誰，因此更不可能。於是某次我趁空檔送他一本書，建議他當成打發時間看的讀物。

後來某天，我們運動完之後，他突然對我說一句話：

「如果我願意學習，真的可以透過房地產賺錢嗎？」

「對啊！當然可以啊！你終於下定決心要學房地產了嗎？」

「嗯！從那天聽了你的話之後，很奇怪的是，我開始心神不寧。讀了你的書之後，我才領悟到，我一直以來的想法都太封閉了。而且我不知道你是靠房地產獲得那麼大成功的人，我太小看你的建議了。對不起。」

看來是他發現我送給他的書上有我的名字。他接著說：

「我覺得很神奇的是，我到現在都還無法放下房地產。我覺得現在如果再不開始，以後真的會後悔。而且因為你在我身旁，我覺得很可靠。以後我會按照你教的好好地學一次看看！」

「你能這樣想就太好了。只要按照我告訴你的方法去做，你也會在不知不覺間走上有錢人的道路，不要太擔心。」

他比我想得還更努力學習，也踏實地執行我教的方法。究竟後來他變得如何了呢？

他開始學習投資後，短短三年內就已經是租賃收入超過一千萬韓元的房東。這還是扣除銀行利息的淨收益！而且轉手賣出的差價也是相當不得了。透露一下，我除了教他讀書方法之外，從來沒有另外推薦他什麼價格會上漲的房地產或給予什麼額外的幫助。這都是他自己努力得來的成果。

他開始讀書後，拋下了對房地產的負面印象，擺脫被綑綁的生活，現在他正享受人生，把工作當成副業。他現在也為了更大的目標而持續不斷努力著。

萬一，他當初沒有把我的建議聽進去，現在應該還是被綁在公司，當個平凡的上班族。他雖然現在還是在上班，但富裕的租賃收入讓他對職場生活有了全新的感受。就像這樣，隨著你聽進身邊何種人給的建議，就會左右你能不能迎接到人生的轉捩點。

我再強調一次。如果想要變成有錢人或是在某個領域上成功，就不要聽失敗的人的話，而是要多聽成功的人的話。

如果你身邊都是連努力都不努力而失敗的人，那麼就算你遇到小難關，也會合理化自己的行為說：「看吧！這樣果然不行。我像他們講的安安分分地生活好了！不要那麼貪心。」然後輕易放棄，回到自己原本的生活。

不過，如果你身邊有成功的人，就能透過他的建議或成功經驗確信：「不管我遇到任何難關都能跨越，我知道只要到下一個階段就會變好的。」然後產生持續前進的力量。

並不是說一定要靠近成功人士。當然如果可以在離他們很近的地方很好，但沒有也沒關係。而且就算對方不是什麼多了不起的大成功也沒關係。只要他的建議能在前方引領你朝向下一步邁進，就很足夠了。如果你的身邊沒有這樣的人，也可以把書中的某位偉人當成這樣的對象。重點是你聽了他的話之後，不會輕易受到身邊的人說的話影響。

如果想要變成有錢人就要多聽有錢人說的話。如果你剛好身邊有很多有錢人，或是有很多夢想變成有錢人的人，那麼你就更容易走上有錢人的道路。這就是為什麼有錢人的身邊很多有錢人、窮人身邊很多窮人的原因。

✎ 致富小技術 ⑱

如果建立了好的人脈，那麼在走到成為有錢人的過程，會比一個人行走更輕鬆、快樂許多。

Chapter 3

三年內
變成有錢人

變成有錢人的時間：
三年

01 ─────
三年足以實現財富自由，
你要不要？

　　俗話說十年河東、十年河西，那麼改變一個人的人生究竟需要多少時間呢？

　　我下定決心要變成有錢人之後，就專注地學習每個月能賺取租賃收入的房地產，亦即變成有錢人的主要方式：創造被動收入。我學了越多就培養出越好的眼光，越能挑出穩健租賃收入的房地產，賺錢逐漸變得容易輕鬆。這就是我的人生改變的起點。

　　從付出努力、得到完全的成果，直到改變我的人生為止，這段期間是三年。就像水在沸騰之前有臨界點一般，不論哪個領域，最少一定需要醞釀一段時間才能讓之前的努力大放異彩。對我而言，那期間就是三年。

　　不只是投資房地產，之後我挑戰的許多創業也是一樣。現在我經營著各種事業，大部分也都是要花兩三年才能看到創業的成果。在我經營的社團裡的會員開始學習投資後，也是花三年才創造出好的結果，所以我覺得這公式不僅僅適用於我。

報名課程後第一次開始學習的學生，就像第一次上小學的一年級新生一樣會問很多問題，其中最常問的問題就是「我對房地產一無所知，像我這樣的人也能在學習後靠房地產賺錢嗎？」還有「學完之後要花多少時間才能變成有錢人？」

　　我的回答都是一樣的。現在的高手一開始也都是什麼都不懂的初學者，他們是在熟悉用語、看書，累積知識的過程中學會投資的，通常看書或看別人的經驗來學會投資需要花兩年，再花大約一年的時間運用所學的知識來在實戰中賺錢，所以三年內是可以做到的。這點也可以透過我前面介紹的許多案例來瞭解。所謂的三年，不只是我，也是以許多學生的經驗為根據而得出來的，因此值得信賴。

　　也會有人反問，真的最多只要三年嗎？但是你實際操作後，可能會覺得不是「最多」只要三年，可能會比你想的還要更短。然而當你知道一般人放棄的時間大約是開始後的一年左右，就知道三年絕不是短暫的時間。實際上許多人連一年都很難撐過去。一般人的傾向就是一開始興致勃勃，也非常容易放棄。不管哪個領域都是這樣。

　　我之所以能在好幾個領域都得到正面結果，其中一個原動力就是我從一開始就擬定中長期的計劃。我絕對不會期待短時間就能一決勝負，如果想要在短時間一決勝負，那麼連現在這些成功的投資和創業也會有很多的結果是不好的，因為所有好

的成果都是要過兩三年才會開始出現的。

大部分的人都企圖要盡可能縮短達成目的所需的時間。他們所謂的長期，頂多是六個月到一年。儘管一開始以滿腔熱情盤算一定會在短時間內達到目標，但時間過去後，你的身體和心理狀態不可能跟一開始一樣。等到了你原先設定的期限後，強烈的意志就會急速下滑，接著就會因為沒有在期限內看到成果而挫折、立刻放棄。

相反地，如果一開始就從容地設定兩三年的期間來達成目標，那麼在別人放棄的一年左右的時間點，反而會因為想到競爭者減少而更有力量。

只要撐過大部分人會感到辛苦的那個瞬間，就越過了成功的臨界點，之後就會更輕鬆得到正面的結果。光是像這樣制定跟別人不同的達標時間，也能大幅提升成功率。

不過，這裡所說的「三年」不包含存種子基金的時間。如果你的種子基金已經存到某種程度，那麼三年就足以讓你從開始學習到變成有錢人。

┤ ✎ **致富小技術 ⑲** ├─

三年足夠創造出偉大的結果。
不管什麼目標都以中長期為單位來設定吧！

---

02 ————
本金不夠的人
也能賺錢

　　你會問我，那麼種子基金很少的人在存到足夠的錢之前，什麼事都不能做嗎？還是有種子基金不夠依然投資成功的案例，所以不用那麼早就灰心。只要以「我做得到」的正面模式來尋找，無論如何都有方法的。

　　我最近上課的時候發現年輕人明顯變多了。也許是因為年輕有衝勁，他們熱情洋溢、很有野心，讀起書來也很認真，理解能力很強。不過這種滿腔熱血的年輕朋友少了一個部分，就是種子基金。他們出社會的經驗不夠或是時間不長，所以存下來的錢還不夠。

　　大家看到我在夜店工作四年存到一億兩千萬韓元的種子基金，應該可以知道，我認為在開始投資之前最少需要五千萬到一億韓元左右的種子基金。不過在看到幾位學生的經歷後，我的想法改變了，之所以會有這樣的轉變是因為，目前為止有幾位憑著小額種子基金開始投資的人創造出許多成功案例。以下我想簡單介紹其中兩位。

有位小姐一開始學習投資的時候是二十六歲，換過一份工作。當時她上班一年存下的種子基金總共是兩千萬韓元。

靠這筆錢不夠買房地產，所以她以最大限度運用槓桿開始投資。她的方式是，實際投入額為一千萬韓元左右，然後最大限度運用槓桿買下價值八千萬韓元的別墅。她買房地產時，不僅是像一般人使用的抵押貸款，因為她是上班族，所以更加積極運用可運用的信用貸款（在韓國每個時期的政策會有些微差異，像別墅、店面等非社區大樓的貸款不受貸款規定限制）。

再加上她選擇的方法是可以跟別人一起進行的共同投資。所謂共同投資是指，在學習的過程中跟志同道合的人一起存種子基金、一起投資。

其實對一般人來說，要跟在社會上認識的人一起存錢合資是相當困難又有風險的事，但一起學習投資的人擁有同樣的目標，彼此志同道合，所以一起投資是很常見的。共同投資常見的原因不僅是因為種子基金，也是因為投資者之間有許多互補的狀況。媽媽們雖然有資金，但整天都要忙著顧小孩，上班族有錢卻沒有時間，還有些人已經學完投資也有時間，種子基金卻不夠，或是對於自己學到的知識沒有自信等等，這些條件上無法自己獨力投資的人都喜歡共同投資。像這樣的共同投資，就能彌補彼此缺乏的部分，所以就能做到無法單憑一人做到的投資項目。

在我經營的社團裡，實際上不只是她，常常可以看到許多

人因為志同道合而有緣組成共同投資者。有人是好朋友一起共同投資，也有六個人一起投資組成「旗艦共投組」，而大規模的房地產因為收益很大，所以好幾個人會共同投資超過數十億。投資金雖然是各自分攤，但經驗完全留在每個人身上，因此大家都能在很快的期間內累積更多的經驗，對於往後個人投資也有很大的幫助。

雖然她的種子基金不夠，卻能透過這個方法持續投資。我不確定在種子基金很少的時候，能不能透過運用槓桿而在一次的投資中成功，但如果把大部分的種子資金都用在一項投資中，那麼在賣出該房地產、回收資金之前都無法進行下一個投資。然而，共同投資時能降低需投入的投資金，也能接著進行下個投資。因此在學習的過程中，遇見志同道合、情況互補的同學也很重要。

她學習投資三年後，現在已經二十九歲，帳戶裡每個月的被動收入有六百萬韓元，就算不工作也會準時入帳，而且她也拿到相當可觀的買賣價差。

接下來是另一個學生的故事。

他是一個三十歲的上班族，存有兩千五百萬韓元的種子基金。不過，他跟上面那位學生不同，他採取的方式是把所有的種子基金投入在第一次的投資中。前期的時候他採用的方法是賺取少量的種子基金，而非現金流。他透過大量的調查選出能

在短期輕易賣出的房地產，然後盡可能運用槓桿來買下一間社區大樓。

三個月後他找到了願意購買那間社區大樓的人，扣完稅之後賺到四千萬韓元，他就這樣在三個月內讓兩千五百萬韓元的種子基金增加到六千五百萬韓元。他為了賺到種子基金持續用這種投資模式（附帶說明一下，目前韓國短期持有房地產後賣出的交易稅率偏高，所以必須持有一年以上或要透過買賣商業用途的房地產賺取價差。這段時期要仔細確認稅後收益而非稅前收益）。

假若種子基金很少的時候，不該先購買能收取租賃收入的房地產，應該要透過能賺取買賣價差的房地產來累積財富。而且我說的是已經學完投資，培養出眼光能挑選不錯的房地產之後。在學完投資之前，如果買到不好的房地產，種子基金可能會在幾年或是很長的時間被套牢，什麼事都沒辦法做。

他用這種方式賺到種子基金，資金規模超過一億韓元後，才開始購買一樓是店面的住宅大樓，後來每個月拿到四百萬韓元的租金。同時他也和志同道合的人一起共同投資，他花不到三年的時間，租賃收入就達到四百萬韓元。

看到兩位年輕人的成功，我之前認為種子基金至少要有五千萬到一億韓元的想法逐漸改變，現在我會說用比這更少的兩千萬到三千萬韓元開始投資也是有可能的。他們的案例成了

一個開端，從此之後，像他們這樣持有少量種子基金的年輕人的成功案例開始急速增加。

種子基金很多的時候，一開始能透過投資高收益的房地產快速累積資產，但條件尚未具備時，也可以用小額投資開始做起，逐漸累積種子基金，然後慢慢投資高收益的標的。

投資房地產時要遵守下列兩個原則，種子基金少的人格外要留意（這兩個原則不僅限於韓國，只要是資本主義市場，到處都通用。順帶一提，以現在韓國的貸款規定來說，透過槓桿操作購買居住用途的物件後，就很難繼續使用槓桿。不過，像住辦大樓或店面這種商業用途的物件不受貸款限制，所以能購入一件以上。由於政府政策會隨政黨輪替或經濟條件而隨時變動，因此需事先瞭解這兩項投資原則）。

第一，購買低於市價的物件
第二，讓投入在房地產上的資金降到最低

必須最先考慮是不是以最便宜的價格購買房地產，決定購買後，再運用槓桿只投入最低限度的資金在該房地產上。這是我到現在為止依然遵守的投資原則，這原則並不專屬於種子基金少的人，如果投資者想要增加收入，那麼這就是最該先考慮的原則（不過，如果你現金夠多就屬於例外）。

當你學完投資後，就有能力挑出低於市價的物件。我再三強調，不能在還沒具備挑選房地產能力之前開始投資。如果選擇了低於市價的物件，就要以最大限度運用槓桿，將投入的資金降到最低。我透過這個方式才能以262萬韓元買下別墅、投資大約800萬韓元買下住辦大樓。

買下房地產之後能運用的槓桿大致上就是「貸款」以及租賃時向承租方收取的「押金」。你可能會想，貸款金額太高會不會造成投資的風險，但只要你挑選的房地產租賃收入能比貸款利息更高就完全沒有危險。如果有能力挑選好的房地產，就能充分運用銀行的錢賺錢，而不是你自己的錢。

就像這樣，貸款在投資方面是真的很重要也是必須的要素。不過偶爾還是會看到有些人只看到這領域的收益後就貿然決定辭職、全職投入，可是萬一辭職了，反而會因為沒有上班，無法順利跟銀行貸款而吃盡苦頭，這種情況很多。所以如果你是上班族，貸款就是對你很有利的優點，所以在你的被動收入達到理想水準之前，我建議你還是盡可能善用上班族的身分。不管是做什麼，在蓋完一座塔之前還是要有順序。

✎ 致富小技術 ⑳

對於有熱忱但資金不夠的人來說，共同投資是一個方法。

購買房地產的兩大原則「買到便宜的」以及讓投入在房地產上的資金「降到最低」。

03 ———— 另有成為有錢人的投資方法

　　在以前，許多人的目標和夢想就是用存很久的積蓄買下一間房子，不用背債。如果用一輩子省吃儉用存下的錢買了一間社區大樓，那麼身邊的人都會非常羨慕，非常恭祝他。現在看看你身邊的人也很容易發現這樣的現象。

　　許多人認為，只要像這樣買了一間房子，房地產價格就會上漲，所以財富就會增加，但他們想錯了。當然買了一間屬於自己的房子是很值得慶祝的事，但投入自己大部分的資本來買一間房子，以投資的角度來看實在是一件很可惜的事。

　　他們把自己持有的大部分的錢投入在自己要住的房子上之後，未來沒有多餘的資金可以使用，結果買完房子後就窮到只剩一間房子。而且，雖然房價會上漲，但你只買了一間，除非你會因為不需要這間房子而賣掉，那麼上漲的價差是你看得到卻拿不到的。你期待過著舒適的退休生活而存錢買房子，但這種方式沒辦法讓你度過經濟寬裕的退休生活。再加上現在持有房地產的需負擔的稅金（房屋稅、地價稅）並不低，所以買了房子之後還是要有收入來源才有可能放心度過退休生活。

如果你現有的全部資金不足以支付你要住的房子，甚至要貸款，那你的狀況就更糟了。因為你買了超出你的能力一大截的房屋，在這情況中，你所能用的錢已經不夠了，一輩子大部分的薪水還要用來還貸款，所以連一般正常消費都很不容易。

住在貸款利息很高的房子裡跟每個月付高額房租沒有很大的差異。因為房子是自己住的，所以不會拿到房租，每個月貸款利息的總額都要自己承擔。結果從此以後就過著吃緊的生活，雖然擁有房子，卻只能過得很拮据，就是所謂的「有房子的窮人（house poor）」。

不能像這樣把全部的資本都投入在自己要住的房子裡。如果資金不寬裕，就要在自己未來要住的房子裡投入最少的資金，自己先住在稍差的房子裡，然後用剩餘的資金購入每個月可以拿到租賃收入的房地產，增加每個月的金流。一開始雖然會有點不方便，但還是要忍耐到租賃收益維持一定的程度穩定為止。

以我為例，我先前住在小間的住辦大樓裡，讓居住費用降到最低，剩餘的錢都投資在能拿到租賃收入的房地產上。就連在一億兩千萬韓元的種子基金增加到數億韓元的時候，我也是過這樣的生活。我花在住宿上的錢還不到一千萬韓元，其他的錢都用在投資上（附帶一提，我這時住的房子就是上面說明「槓桿」時稍微介紹過我花不到一千萬韓元的投資金買到三千九百二十萬韓元的住辦大樓。當時我實際投入的金額大約

為八百萬韓元左右）。

過了一段時間，達到我一開始設定的租賃收入的目標後，這時我才搬到我理想中的地方，我已經計算過就算要支付那間房地產的貸款利息，我也可以付得出來。當時我的租賃收入逐漸提升，扣除貸款利息後還是有充足的收益，到這個時候就能隨意購買你喜歡的房子了。

雖然只是順序稍微顛倒，但這結果跟先把錢投資在要住的房子上完全不同。這就是為什麼明明拿著一樣的資本，有人過得很富裕，有人卻過得很貧困。先稍微忍受不方便來累積每個月的租賃收入，就是通往有錢人道路的投資方法。

如果你下定決心要變成有錢人，就把目標訂為三年後，每個月要拿到三百萬韓元的租賃收入吧！在達到這目標金額之前，把花在自己的房子上的錢降到最低，然後——購入能獲取租賃收入的房地產吧！

這時購入的房地產的類型不是重點。只要是能收取租賃收入的就行了。現在因為有貸款制度和稅賦壓力，所以知識產業中心（譯注：韓國特有的建築型態，在一個建築物裡有超過三種以上的綜合建築物，如製造業、知識產業、資訊通訊產業等）、店面等商業用途的房地產都比居住用途的房地產更好。我一開始種子基金不多時也是透過住辦大樓累積租賃收入，之後才主要是透過店面創造租賃收入。

我這樣強調能收取租賃收入的房地產是有原因的。雖然有很多人在投資房地產，但他們並非所有人都變成了有錢人。

在我出版第一本書《拍賣術》後，有個老先生來找我。

「宋事務長，我讀了您的書之後有很大的體悟，想要親自過來跟您打聲招呼。講起來真丟臉，其實我的投資經歷比您更長。不過，雖然投資了那麼長的時間，但我和我的資產始終維持原樣，到現在還是沒有變成有錢人。我反覆買賣，也持有一定的能賺錢的房地產。在這個過程中，我一直對投資抱持著疑問。不過我讀完您的書之後體會到那原因了，真的是一語點醒夢中人。我之所以維持原樣就是因為連一個能收取租賃收入的房地產都沒有。我到現在為止反覆買賣，把賣掉之後賺來的錢當成生活費，還有剩的就拿去買其他的房地產，所以我的生活總是不寬裕。」

你明白這位老先生無法變成有錢人的原因了嗎？

雖然他說他是全職投資人，但買賣房地產而賺取的收益也跟一般人在公司上班領的薪水差不了太多。除了是那種非常有實力、有雄厚的資金，能在投資時真正賺大錢的人，否則一般人都是以短期投資為主，因此，收益也頂多是普通上班族年薪的程度。短期能賺取的買賣差價是有限的。

而且用這種方式投資的全職投資者的收入並不固定。他們

的收益只有短期賣掉所投資的房地產而獲取的收益，因此獲益的時機和金額並不規律。這樣的收益一部分會像一般家庭一樣用來消費，最後剩下的金額也要用來投資下個標的，結果他們也無法隨心所欲地消費。也就是說，他們如果不投資下個標的，就不知道什麼時候能賺取收益，只能儘量節省開銷來準備下次的投資。如果這樣的過程持續下去，他們就跟一般上班族一樣身體很疲憊，過得不富裕，資本也不會有太多變化（如果把投資當成副業而非主業，就會得到自己薪水之外的收入，所以反而還比較好）。

就像這樣，並不是所有投資房地產的人都能變成有錢人。真正的有錢人是擁有時間和金錢的人，所以為了要變成有錢人，需要創造「被動收入」，就是每個月不工作也能拿到的一定租賃收入。

也許一開始租賃收入只有不起眼的五十萬韓元、一百萬韓元。其實當初我開始這樣投資時，拿到的租賃收入還不到一百萬韓元，身旁許多人都覺得我很可笑（他們大部分都沒有待在市場太久，全都離開了）。不過我存下這些，後來當租賃收入達到三百萬韓元、五百萬韓元的時候，影響力變得相當驚人。

房地產要投資到中長期才會有多到很明顯的收益，如果創造出這種程度的租賃收入，從那時起就可能做到中長期投資，而非短期投資。舉例來說，如果是準備要都更的房子，相較於

購買後立刻賣掉、只賺取一點點的利潤，要是可以等到舊有的建築物拆除後蓋出新建築物，那時再賣出就能獲取無法比較的龐大買賣價差。假設你已經有固定的收益，也就是一定水準以上的租賃收入，那麼就能充分等待，但萬一現金流不穩定，不管之後的預期收入再怎麼大，也撐不過等待的期間。

而且，如果有穩定的租賃收入，就能慢慢等到自己喜歡的物件出現為止。因為持續有固定收益，所以不需要太著急。就像這樣，租賃收入穩定的人更能買到好的物件，也能等待物件價格達到目標價值，因此能輕鬆賺大錢。

投資房地產要能從容地購入、從容地出售才能獲得最大的收益。當租賃收入相當穩定時，就算沒有繼續投資，也能持續過著富裕的生活。

✎ **致富小技術 ㉑**

住進好房子之前，要先購入能獲取租賃收入的房地產。

投資時若改變順序，就能度過更富裕的生活。

宋事務長補充說明：無國界賺錢方法

　　上述說明的投資法不僅限於韓國，只要是資本主義的國家，任何地方都能完美適用。不過這個前提是政府對於持有多筆房地產的人沒有額外限制的一般狀況。

　　目前韓國政府的政策對於持有多筆房地產的人有相當嚴苛規定，幾乎是無法再多買的程度。政府規定他們購買住宅時無法貸款，稅法也修改為須負擔更多的契稅、房屋稅、地價稅，此外韓國財政也規定法人無法投資居住用途的物件。

　　所以假設你是沒有房地產的人，狀況就不一樣了。沒有房地產的人，現階段先不要購買店面，要先購買一間房屋，這樣就會有利許多。我建議你先買一間，賺來的錢再來購買可獲得租賃收入的房地產。

　　接下來可購買交通便利或附近設施較佳的社區大樓，如果現有資金不足，就不要買社區大樓，可以投資讓出讓渡權的物件或都更物件。因為讓渡的物件能以比市價更低的價格購入；都更物件雖然要辛苦一點等到都更完成，但是投資這些都比買社區大樓需負擔的費用更少，收益也更大。不過別忘了，投資這類讓渡權或都更物件時，至少要透過書籍或課程來熟悉基本事項再投資。

（譯注：臺灣法律上沒有「讓渡」一詞，民間使用「讓渡」時意指買賣，通常是相較於房地產價格不高的物件（如機車等）。此處提到「讓渡物件比市價更便宜」為韓國情況，請參考）

04 ————
中途不放棄，
只要堅持就能致富

　　人生在世，每個人都會遇到低潮。在變成有錢人的過程中，大家都至少經歷過一次低潮，只是程度的差異罷了。很多人都害怕面臨低潮，但根本沒必要。低潮是充分能克服的。

　　我甚至能大膽地說能不能在這條路上得到好的結果取決於有沒有順利克服低潮。其實成功變成有錢人的人之所以會有好結果，與其說是遇到了好機會，不如說是因為他們有智慧地克服不好的狀況。

　　孩子轉大人的時候會經歷「生長痛」，用這個詞來表達低潮再適合也不過了。因為經歷生長痛之後，身高就會突然抽高，就像這樣，如果順利克服低潮痛苦，低潮反而是讓你成為高手的踏板。

　　普通人設定目標後最容易放棄的時間點是六個月到一年左右，換句話說，在那個時間點至少會經歷過一次低潮，所以只要能順利撐過那段時間，就能過上比普通人更好的生活。

四大方法克服低潮

第一，尋求該領域的前輩或高手的建議。

能最輕鬆快速克服低潮的方法就是詢問比我先走過那條路的前輩或是獲得好結果的高手。自己一個人煩惱時會覺得問題再怎麼樣都無法解決，不過如果聽取他人的建議，意外地往往都能輕鬆解決。

我想說的是，在變成有錢人的過程中，先走過那條路的前輩高手也都經歷過煩惱和低潮。雖然他們現在是高手，但他們也曾經是菜鳥，是克服了好幾個難關，爬到下一個階段才達到現在的水準。所以他們能提供給晚輩自己遇到撞牆期的經驗，提供能克服低潮的方法。

第二，滾動式調整設定目標。

關於設定目標的重要，前面已經強調好幾次了。如果遇到低潮，就有很高的機率是設定目標方面出問題了。偶爾會有些人從一開始就設定太強人所難的目標。目標如果訂得太高，就算現在已經盡全力了，自己也感受不到。如果無法感受到自己正在逐一達到成果的成就感，勢必會失去興趣、沒有動力，很有可能會半途而廢。

所以如果自己覺得遇到了低潮，就要檢視自己設定的計畫是不是想在短時間內看到成果，或者目標是否過於遠大難以在

現階段達成，應該要檢視這些後再修改目標。

希望你能拋棄「目標絕對不能修改」、「設定目標後一定要達成」的想法。目標是可以配合自己現階段能力做滾動式調整。認真思考自己的目標後修改，反而會讓你擁有動機想要嶄新開始，也會在過程中產生能克服低潮的力量。

第三，大膽地犒賞自己吧！

老一輩的人賺了錢也是過得很節儉。不管賺得再多，也不曾買一套好衣服、吃一頓大餐、去某個好玩的地方旅遊，依然繼續過得很省。現在還是有很多人覺得這些行為很奢侈。

不過我並不這樣認為。我覺得在變成有錢人的過程中應該要偶爾配合自己的水準適當地犒賞自己。為了要達成自己的目標、為了獲得成功要好好領導自己沒錯，但也要適當犒賞自己、給自己休假，好讓自己能維持在幸福、持續洋溢著熱情的狀態。

我們更努力生活的目的是要變得幸福。幸福並不是只有在抵達頂峰的時候才感受到的，在登頂的過程中也要能感受到幸福才行。從我存種子基金、學習投資的階段開始，一直到現在，我都會為了能開心地領導自己而持續犒賞自己。

而且遇到特別困難的事情時，我更會大手筆地犒賞忙著處理事情的自己，如果該處理的事情太多，我也會事先預訂不錯的旅遊行程（工作時一想到旅遊，就會激發出更多力氣）。

就算不是低潮，我希望你也能偶爾適當地犒賞自己，如此享受變成有錢人的過程。我的意思不是過度消費而是正常消費，這也是要學習的。

第四，培養一個能忘卻一切、全心投入的樂趣吧！

生活中不可能完全沒有壓力。壓力一旦累積，勢必會遇到低潮，所以每個人平常就要有一套能抒壓的方法。

我選擇的方法是運動，我每天早上都會運動。如果早上全心投入在運動上，讓自己渾身濕透像被雨淋過一樣，那麼頭腦會變清晰，也覺得重新充電了。像這樣用運動抒壓的效果是最好的。

不過一提到要培養一個興趣，就一定會聽到有人說「我很忙」。他們會說自己忙到沒時間學新的東西，忙到沒時間培養興趣。但如果先撥出一段時間在興趣上，之後就算是拚命擠也擠得出時間做其他事情。我也是一樣，雖然同時做很多事也還是會運動。

我說的不是要花很多時間和努力來做什麼了不起的事。只要讓自己心情變好就夠了。像是花一點時間去散步、聽聽音樂、冥想、泡湯等都很好。

我也會聽音樂抒壓，在淋浴或開車時聽到好的音樂就會讓我心情變得更好。

最後要記得的是，不只是低潮時，不管你遇到任何難關，

能克服的最重要關鍵在於心態。總是要正面思考「無論什麼狀況我都能克服」。這樣就會努力想辦法解決，而不是逃避。我希望你不要忘記，讓自己處在開朗的狀態中就是能克服所有難關的力量。

✎ 致富小技術 ㉒

克服低潮的方法

1. 尋求該領域的前輩或高手的建議吧！

2. 重新設定目標吧！

3. 持續犒賞自己吧！

4. 培養一個能讓自己開心的興趣吧！

5. 隨時都帶著正面的想法吧！

找到致富的必經關卡：
投資

05 ————
找到確定保本、保證收益的投資

　　我以前覺得房地產、投資理財等都屬於中年人話題。不過，現在常常注意到二十歲出頭的年輕人也會聚在一起討論投資或理財的話題。最近上課的學生當中年輕人的比例大幅增加，光看這點也能感受到社會氣氛正在改變。

　　不過還是有非常多人對投資有成見「投資好複雜又好難！」「投資很危險！」「房地產是錢多的人才能投資的啦！」。

　　沒有學過的人認為投資的變數很多、用投資賺錢是運氣。其實投資比想像中還簡單，只要理解及掌握投資的核心原理就很簡單。

　　房地產投資的收益大致上分成兩種，一種方法是「購入比市價更低的房地產」，另一種方法則是「讓購入的房地產價值提升」。

　　一開始的時候大家主要都是以前者的方法來投資。你問我怎麼能買到比市價更低的房地產？只要買到低於市價的、緊急出售的物件或是購買以下說明的「法拍屋」就行了。

當我一邊在夜店存種子基金一邊學投資的時候，占據我腦中的想法只有一個：「這些錢是我辛辛苦苦地存下來的，絕對不能損失。」如果什麼都不做，至少這些錢是財產，但如果東碰一點、西碰一點，做些沒必要的事而虧錢，那麼那種失去的感覺將會無比龐大。所以我一定要選擇不會虧錢的，也就是保本的投資（這也是現在我最徹底貫徹的投資守則）。最適合我這種偏好的投資就是「投資法拍屋」，我確信這能拿回本金，所以我開始專注在投資法拍屋上。

投資法拍屋就是購入比市價更便宜的房屋，所以是最確實能保本的投資。一開始我也是半信半疑。就算我寫了比市價更低的價格並且得標了，還是無法置信。不過我實際經歷過才知道，真的可能買到很便宜的物件，而且我領悟到，法拍屋是許多房地產投資的方法中唯一能保本的方法。

我大致上整理了投資法拍屋的四項優點：

・保證回本

・能以最大限度運用槓桿

・能一次搜尋全國多樣物件

・只要學會就能使用一輩子

投資法拍屋是可能回本的

現在投資法拍屋已經比過去更廣為人知，但我還是為了那些不知道的人簡單說明一下，一般房地產交易是透過仲介媒合，法拍屋則是透過法院媒合的房地產交易，這樣思考就行了。房地產所有權人抵押房地產借貸後卻還不出來，債權人就跟法院申請強制執行，等房屋進入法拍程序後，就由出價最高的投標人得標。

我在參與投標前會先瞭解該地區的房地產市價，考量預期收益後寫下投標金額，所以這是「保證回本」的。如果我下標時，有人寫的價格比我更高，我就無法得標，該房地產就結束了。為了參與拍賣，需要先繳交「保證金」，如果後來沒有得標，保證金可以全部拿回來，完全不會有損失。而且如果你寫的價格是最高的而得標了，就能得到你想像中的收益。

法拍屋能以最低限度的現金來投資

如果順利得標、買到房地產，會比一般交易更容易運用貸款。因為市場已經專為法拍屋設計「墊付拍定尾款」的貸款商品。一般房地產交易時，總價的五成到六成左右能跟銀行貸款，但透過拍賣得標的價格（在法院裡買到房地產的價格）七成到九成都可以貸款（可能會因得標者的信用及物件種類而不

同）。如果得標者的信用等級良好，就能以更好的條件、跟銀行借到更多錢。（譯注：臺灣的銀行法拍代墊貸款屬於無擔保借款，因此利率較高。作者這裡提到的能借款至七成到九成，應該是因為法拍屋價格為市價的五折或七折，故可貸金額比一般交易更高。）

就像這樣，在投資房地產的許多方式中，投資法拍屋是能最大限度運用槓桿的方法。我已經多次提到運用槓桿的重要性。對種子基金很少的人而言，可貸款比例是更重要的。

如果能用聰明的方式運用有限的金錢，就能把投入在一個房地產中的現金降到最低，而其他的錢能投資在各種能獲利的房地產上。

投資房地產的要點是「盡可能用最便宜的價格購入、投入最少量的現金」，投資法拍屋就是能滿足這兩個條件的方法。

能一次購買全國多樣的物件

購買房地產時一般來說都是透過房屋仲介介紹。不過大部分的房屋仲介只能看到近距離的物件，拜託仲介介紹不錯的物件時，他們都只會展示該地區的房地產。如果想要看那地區之外的，就要花力氣去找其他地區的仲介。

但是法拍屋不一樣，只要進入「法拍屋查詢系統」，就能搜尋全國的物件。不需要費力去找各地的仲介，也能選出值得投資的物件。

另外還有一個優點是能接觸到多種型態的物件。不只是社區大樓、別墅、住辦大樓、土地、店面、工廠等多樣房地產都能在家裡輕易搜尋找到。越看越覺得像在逛網購一樣。

只要學會如何投資法拍屋，就能使用一輩子

其實我決定要投資法拍屋後，只認真研究一個月，就找到了能穩定收益的物件，所以並不困難。當然如果再多努力研究，甚至能投資那種權利關係交錯複雜、大型的特殊房地產。但是沒必要厲害到那種程度，只要選出符合自己水準的物件後投資即可。因為大約八成的房地產都是簡單分析後就能購入的。如果你看起來覺得很難或是不容易判斷，就可以直接略過，等你看到你能解決的物件後再計算收益、參與投標就行了。

之後當你對於法拍屋的知識和經驗累積到一定程度，光是處理一兩件，也能投資在充分可以獲利的房地產上。

在我剛進入法拍屋市場前，我想過「這個投資技術只要掌握一次，就算我變成了老爺爺也能一輩子用得上」，實際接觸後發現真的是這樣。投資法拍屋的經驗越多就越熟悉，想投資多少就能投資多少。

┌─── ◥ **致富小技術** ㉓ ├
投資法拍屋不只保證回本，只要掌握一次，一輩子都能用上。
而且只要學會投資法拍屋的技巧，也能安全地守護你的財產。

06 ————

窮人是金錢的奴隸，
有錢人是金錢的主人

　　久遠的古早時代存在著身分階級制度，有人一出生就是貴族，有人一出生就是奴隸。不過進展到現代社會後，大家都意識到人人平等，並且在許多人的努力之下，身分階級制度消失了。

　　不過難道身分階級消失，就表示現代社會是平等的嗎？如果你這樣想的話就大錯特錯了。也許乍看之下是平等的，但現在我們的身分階級是以「錢」來區分。有人是金錢的主人，有人是金錢的奴隸。用奴隸來描述可能會冒犯到一些人，但我希望你能理解沒有比這個更貼切的表達方式了。

　　不過，如果要說明其中的不同，那就是以前的身分是無法選擇的，不過在以金錢來區分的現在，你充分能透過選擇來改變身分。

　　這麼說來，金錢奴隸是指誰呢？通常會把付出勞力賺錢的人稱為「金錢的奴隸」。無論是在薪資優渥的大企業上班，或

是保障退休生活、工作穩定的公務員，還是具備專業能力的商人，如果是必須付出勞力來賺錢的人，就都是金錢的奴隸。並不是以薪資高低來區分階級。如果你的生活結構是要投入勞力才能賺到錢，那麼你就是金錢的奴隸。相反地，如果你創造被動收入，不用付出勞力也能賺到錢，那麼你就是金錢的主人。

大部分的人都為了賺錢而每天忍耐工作，擔心這樣賺來的錢會見底而不敢盡情花錢，所以他們很難否認自己不是金錢的奴隸。就算現在的職業是自己真的很喜歡的工作，有多少人能在沒有薪水，也就是沒有勞力代價的情況下持續做那份工作呢？依據統計資料顯示，現代人八成以上的煩惱都跟錢脫不了關係。

這麼說來，金錢的主人到底是指誰呢？有很多錢的人就是金錢的主人嗎？不是的。就算有很多錢，如果不會讓錢滾錢，他也只是暫時保管那些錢的臨時管理人而已。真正的金錢主人是「讓錢滾錢的人」。

我一直在苦思，該怎麼做才能用最小限度的錢滾出最大限度的錢（一般人會說投報率很高）。提升投報率的其中一個方法就是購買比市價更便宜的房地產，然後最大限度地運用槓桿。

舉個例子：以我投入現金1,400萬韓元後，購買的店面來說明好了。

它是一個二十五坪的兩層樓店面，在法拍市場上售價為1億

9,000萬韓元，我用9,870萬韓元得標買下這個店面，其中6,900萬韓元是跟銀行貸款，之後以押金2,000萬韓元、每月租金110萬韓元的條件出租。

這麼算起來，我總共花了970萬韓元（購買價9,870萬韓元－貸款6,900萬韓元－押金2,000萬韓元）加上契稅395萬韓元，總共投入1,365萬韓元購買這個店面。

現在我已經做完讓錢滾錢的準備了。從我跟承租方簽約的時刻開始，租金110萬韓元扣除貸款利息後，每個月有超過80萬韓元的錢會匯入我的戶頭裡。就算我不工作，我付出的1,365萬韓元，每個月都幫我賺入80萬韓元，一年下來就是960萬韓元，兩年就是1,920萬韓元。

到現在為止，我已經持有這間店面第十年了。所以我投入的約1,400萬韓元為我滾入的錢大約是9,600萬韓元。我目前還不打算出售，如果之後要出售，可以確定這個買賣差價應該非常可觀。

如何？有人把同樣的錢只存在銀行，他的收益（利息）根本無法跟我相比（附帶一提，存在銀行的錢不會為你滾錢，只要認為那是暫時保管就行了。低利率還是會持續下去，所以一直把錢存在銀行的意義也不大）。我就是用這個方式逐一增加房地產，讓錢滾錢。

再舉一個例子，我購入其他人完全不感興趣的低層多戶建

築的故事。某天我注意到非常不起眼的老舊低層多戶建築。頂樓的屋頂被掀開，建築物外牆裂得很厲害，到處都有各個時期漏水的痕跡，實在是沒有人會感興趣的建築物（就連正對面的仲介公司都叫我不要買）。

大部分的人都是看著現在的狀況而投資，但我會想像翻修後的樣子而決定要不要購買（老舊物件的價格就算加上翻修費用，也比翻修後賣出的價格便宜許多）。結果我決定買十一間損毀（？）的低層多戶建築，只投資了8,000萬韓元左右的現金就能買到。

花了兩個月翻修建築物內部和外觀後，已經完全找不到過去老舊的痕跡，反而脫胎換骨變成那附近最好看的建築物。我購入的價格是3億韓元加上翻修費1億韓元，總共花了4億韓元。翻修後的一個月內就全都出租了。

我把十一間低層多戶建築全都出租後，跟承租人收取3億2,300萬韓元的押金，扣除這些後，等於我實際投資的金額約為8,000萬韓元（購入費加修理費4億－押金3億2,300萬），再加上每個月我都可以拿到375萬韓元的租賃收入。也就是說，我讓8,000萬韓元滾錢，所以我不工作，每個月也可以拿到375萬韓元。這筆錢一年就變成4,500萬韓元，兩年就是9,000萬韓元。

不要覺得錢不夠沒辦法投資。如果你的種子基金還不到8,000萬韓元，十一間裡面的一至兩間可以改為全繳租金（譯注：韓國租屋方式分為兩種，一種為月繳租金，跟臺灣大部分的租屋情形類似，先

繳出押金給房東之後每個月繳交房租，這種方式支付的押金為房租的八倍到五十倍之多。另一種為全繳租金，簽約時須繳交高額的押金，通常為房價的四分之一到二分之一，之後不用再繳每個月的租金。作者這裡說的的是第二種。但承租人退租後就須歸還全額押金。），那麼就能得到更多押金，因此就算投資金較少也能購入。

大部分的人年輕時都對房地產有個成見是一定需要很多錢，所以都對房地產沒興趣，等到年紀大了，到了準備退休時才開始要用退休金買這種房地產。不過只要理解槓桿，就算很年輕也足以做到這樣的投資。

我常常用老鼠滾滾輪來形容上班族，因為他們無法跨越薪水這個框架。上班族都很清楚，年薪要增加個一兩千萬韓元談何容易。就算你拚命工作，也無法保證能輕易增加一千萬韓元，如果真的增加了，你想想看那要用自己多少的時間和勞力來交換。透過勞力賺取一百萬韓元跟被動收入的一百萬韓元根本無法比較。

如果像我這樣創造被動收入，讓錢為我滾錢，就等於是擁有了一個一輩子都不會減少收入的戶頭。只要創造了被動收入，每個月都會有錢進帳，就算你一直花錢也還是會填滿。

請記得，在你的錢沒有滾錢、只是放在銀行的時間，有錢人拿同樣的錢不斷地滾錢，以非常快的速度累積財富。

如果你的生活結構是透過勞力來賺錢，那麼你就是「金錢的奴隸」，但如果你創造被動收入，也就是不付出勞力也有錢，那麼你就是「金錢的主人」。

07 ——————
成為有錢人要學會
精準投資房地產

　　我是非常重視效率的人。這也是為什麼我一直在研究如何在同樣的時間內處理更多的業務、如何用同樣的投資金獲取更大的收益。

　　如果你有足夠的種子基金，那麼你會選擇規模小的房地產，還是規模大的房地產呢？有更多人比你所想的覺得規模大的房地產會很困難，所以選擇逃避，但是以我的經驗來說，處理一間小規模的房地產跟處理一間大規模的房地產消耗的力氣並沒有差很多。而且以管理面來講，管理少數的大規模房地產比管理許多小的房地產更輕鬆許多。所以既然要選，我會想持有一個大物件勝於許多小物件。

　　我也常對學生說：「在你持有的期間讓你少費心的房地產，才是真正有錢人的房地產。」像店面這樣商業用途的房地產比居住用途的更符合有錢人的房地產。

　　像居住用途的物件在出租給承租人的時候都要注意很多東

西，如牆壁和地板等等，租出去之後，如果建築物出現瑕疵，如冷氣不冷、漏水、停電等狀況，屋主也要親自處理。

相反地，店面是由承租人親自裝潢並添購營業設備，因此會希望搬進去的時候屋主的東西越少越好，就算房子有瑕疵，他們也會聯絡水電，不會請房東聯絡，所以租給他們之後沒什麼要特別花心思的地方（這裡所說的店面不是整棟的，而是樓層內的區分店家[1]）。

而且承租人在店裡設置了營業設備後，不太會隨便搬家，跟居住用途的物件相比，租金遲繳的狀況明顯降低。因此，如果是透過出租店面收取租賃收入，就不太需要太費心，這樣不只得到租賃收入，還得到了時間自由。

而且，以社區大樓或住家來說，已經很少有人會願意每個月付兩百萬韓元以上的房租，但是有相當多的人願意付兩百萬韓元以上的房租來租一個店面。也就是說，光是成功買到一間店面，每個月就能領兩百萬、三百萬韓元的房租。

出租十間房屋來收取三百萬韓元房租的人跟出租一個店面收取三百萬韓元房租的人，其中付出勞力的差異是無法相比的。如果是屋主得要親自處理所有事務的房地產，不管賺到再多錢，也不能說他是真正的有錢人。這就是我一直強調的重

1）區分店家是指同一層或同一個門牌號碼可區分登記的型態。簡單來說，以大建築物裡各戶商店理解即可。（譯注：臺灣沒有這類型的租屋型態，理解成百貨公司內的專櫃即可）

點，真正的有錢人不只有錢，也有時間。

你還記得小時候玩過的大富翁嗎？大富翁的遊戲規則在現實世界也同樣適用。就像在遊戲中，一開始都是用小錢買小東西，等累積了好幾個、資產增加後，就能改買一個大的，這樣是更有益處的。

所以我一開始也是累積能以小額投資的房地產，等租賃收入慢慢從一百萬韓元、兩百萬韓元累積到三百萬韓元後，就主要購買租賃收入達到三百萬韓元的店家。

如果你購入一間租賃收入達到三百萬韓元的店家，就像買下一份工作一樣。換句話說，只要買到一間店面，就算不工作，每個月還是會收到相當於一份薪水的錢。

兩百萬韓元、三百萬韓元對某些人而言是一個月要腳踏實地從早上九點工作到晚上六點才能達到的月薪。但是有些人根本不用工作，就能賺到相當於擁有三四份工作的薪水。所以有時候我覺得，在資本主義市場裡只要存下能買下一間店面的種子基金，學習挑選好店面的方法，就能比經年累月學習後擁有一份工作的普通上班族過得更富裕許多。

┤ ✎ 致富小技術 ㉕ ├

要擁有有錢人的房地產，才能同時具備金錢和時間。

大富翁桌遊的玩法在現實生活中也同樣能適用。

---

08 ——————
學會反向思考就是賺錢的祕訣

　　在資本主義市場投資的過程中，不只會面臨牛市，也會面臨熊市。在牛市時大眾都焦躁地期待往後能大賺一筆，相反地，在持續不景氣的熊市中則充斥著不安，害怕會跌得更多。所以大眾在牛市期待追高，在熊市則擔心會虧更多而不敢投資進場。

　　資本主義市場裡，從過去到現在都持續反覆這樣的投資模式。不過很奇特的是，大眾總是無法猜對。因此，如果在大眾的想法一面倒時能建立自己獨有的投資觀，就能迎接到大機會。這就是為什麼我說在迎接大浪的時候，要站在跟大眾相反的那一邊。

　　韓國2015年吹起了一股「在濟州島住一個月」的旋風，許多人湧進濟州島。這時外來人口流入的原因有兩個。

　　首先是因為濟州島引進「房地產投資移民制度」，中國投資資金大舉湧入，開始購買濟州島的土地和建物。於此同時，中國觀光客也如浪潮般湧入。當時濟州島住宿相當難預約，剛完

工的民宿或飯店也因為是全新的，所以開幕後的幾個月都被訂滿，全部搶爆。在這個時候，媒體甚至建議應該要禁止中國人購買濟州島房地產，這段期間可說是濟州島的投資旺期。

第二個原因是當時電視台播出「孝利家民宿」。在電視上看到當紅藝人拋下光鮮亮麗的生活，跟先生和寵物一起到濟州島過著幸福的生活。這些畫面足以讓韓國大眾對濟州島生活無限嚮往，之後「在濟州島住一個月」的人氣就越來越旺。實際搬到濟州島的人也急遽增加。

我相當關注這個時期。不只是中國人，連韓國本島上各地區的許多人也都奔向濟州島，但不只是濟州島內的住宿產業，連既有的住宅都是有限的。突然有龐大的人口湧入，所以住宅供給勢必會相當缺乏。

然而，當時濟州島上能蓋出別墅的土地價格依然非常便宜。在京畿道（屬韓國首都圈範圍）購入每坪八百萬到一千萬韓元的土地興建後，能賣到兩億多，但是在濟州島購入每坪一百萬韓元的土地興建後也能用差不多的價格賣出。真的就是所謂的「賺翻了」。

如果是要蓋出社區大樓，至少需要三年的時間才能完工，但別墅大概六到八個月就可以蓋完，所以可以期待能在短時間內賺大錢。在我確認人口增加的相關數據後，我立刻前往濟州島，開始尋找並購買能蓋出別墅的土地。

我用我所準備的投資金購入土地後，就如我所預料的，地

價開始以驚人的速度飆升。原本一坪三十到五十萬韓元的土地，立刻漲到一百萬韓元，過幾天漲到一百五十萬韓元。濟州島上出現了前所未有的地價上漲的過程。市場上一有土地待出售立刻就銷售一空，法拍土地也是一樣，已經超過最低價格的一倍以上，要喊到兩倍以上才能標到。而且這波漲勢沒有停下來，土地價格跨過每坪兩百萬韓元的門檻後還繼續上漲，來勢洶洶。

之後我開始在我買的土地上蓋房子，在別墅的骨架還沒立好的時候，已經完成讓渡了（一般的讓渡都是建築物都蓋完之後才開始的，但這次還在蓋的過程中就已經談好交易，完成讓渡了）。（譯注：臺灣無法在建築物尚未完工前買賣，只能申請「起造人變更」）當我發現一切都在我預料中的時候，真的非常痛快。

並不是只有我賺取這樣的收益，你們想想看住宅供給量相較於人口的爆發性增加是缺乏到什麼程度，連還沒蓋好地基的別墅也都能立刻銷售一空。不管是持有土地的人還是蓋別墅的人，只要是持有房地產的人都在那時大賺一筆。

這種市場氣氛會讓大眾變得如何呢？

濟州島各處開始瘋傳說大家都靠房地產賺了一大筆錢，那時甚至在濟州島任何一間咖啡廳裡都能輕易找到手上握有建築執照的人。整體的氣氛就是持有土地的人都會自己在上面蓋房子，不願意出售。

這些人以為相同成功案例會同樣發生在自己身上，但是這時住宅需求供給已經過多了。在我購入土地後短短兩年的期間就看到了牛市的盡頭，而且濟州島移入人口也開始進入停滯期，許多人卻忽略這些數據，只是聽到其它人成功故事後，繼續一邊幻想著成功、一邊蓋建築物。

我察覺到這股氣氛後，馬上開始出清手邊所有濟州島的房地產。連購入後要開始建設的土地也直接售出，就這樣結束了我在濟州島兩年的投資時期。

之後市場變得如何呢？

濟州島的人口開始減少，還沒讓渡的待讓渡別墅開始累積，之後別墅價格狂跌不止，地價也跟著暴跌，之後就是接連不斷地下探。因為跟需求量相比，住家和住宿業者的供給量瞬間暴增太多了。正所謂「景氣好的時候爬得越高、景氣差的時候就會跌得越深」，當時完全應驗了這句話。

投資時一定要徹底根據事實來決定，聽到別人賺大錢時很有可能已經快到盡頭了。所以我投資時都總是想要站在跟大眾相反的那一邊。不過，大眾的傾向是，知道很多人跟自己想得一樣時會覺得很安心。

2008年次貸風暴引發了金融危機。對許多人來說，那是一段危機的時期，對我來說，卻是透過投資賺了一大筆錢的時期。當時沒有任何人對投資有興趣，甚至覺得房地產會因為景

氣低迷而跌得更厲害，到處都是一片看空，大家都很排斥投資。報紙、新聞和媒體連續幾天報導說世界景氣停滯，往後還會有更大的危機。房地產市場的買勢在連日報導下蕩然無存。媒體對大眾的心理更有推波助瀾的效果，接著價格跌得更厲害，而且因為沒有買家，所以簡直是一片恐慌。

當時所有的專家異口同聲地建議，現在不能買房地產。某位作者在出版的著作中提到「往後將是房地產大暴跌的時代」，這本書讓他被推崇為最厲害的專家，也成了暢銷書，這樣的氣氛讓大眾不敢輕舉妄動。要在這種黑暗時期大膽購入房地產不是件容易的事。媒體和專家們全都斷定往後房地產價格會下跌，在這種氣氛中誰敢放心購買房地產呢？

不過，房地產物件是否真的像媒體所報導的那樣暴跌呢？這件事有待查證。我親自去現場確認過物件後，決定要投資住辦大樓和店面等能收取租賃收入的房地產，以及能賺取買賣價差的社區大樓。附帶一提，媒體都只會報導現況，所以新聞或報紙只是一種參考，只能幫助你掌握大眾心理，無法作為判斷投資的資料。投資時要徹底以事實為基礎來決定才行。

首先，我確認過附近店家和住辦大樓的市價，也去各地區的數間仲介公司調查。我調查的結果是店家和住辦大樓的租金收入沒有變動，跟銀行貸款也沒有問題。不過，住辦大樓的買賣價差正在下滑，我仔細調查後發現並非整體市價都下滑。只

是某些屋主擔心之後房價下跌，所以急著出售一兩個物件。媒體看到那些物件就報導得好像房地產價格已經暴跌了一樣。如果像這樣去現場瞭解事實，就能擊敗毫無根據的傳言帶來的恐懼感。

我開始購入廉價的住辦大樓和店面。我只選出其中幾個仍在出租中、不用擔心空屋的建物，而且幾乎都能以半價購入。在這種熊市中的玩法非常簡單。購入廉價物件後出租，等價格回升再賣出。

社區大樓也是一樣，我當時也真的不知道價格會跌到什麼程度。這種時候的方法就是要從最精華地區的建物開始看起。我立刻跑到盆唐區（首爾新興城鎮），但市場並不如媒體所瞎鬧的那樣，沒有釋出非常多物件。緊急出售的物件都馬上沒了，租賃價格持平。我確認到這些之後，開始搜尋開放投標的法拍屋，接著透過競標以半價購入。

我在這時購入的房地產花不到一年的時間就回到原本的市價。大眾心理從原本害怕下跌轉變成期待立刻上漲。從這時起，緊急出售的物件以極快的速度賣出，別說是暴跌了，反而轉換成上漲。我看著這整個過程覺得很有趣也覺得很苦澀，再次感受到「這就是資本主義市場的真面目啊！」。

往後大眾的這種行為還是會持續反覆。所以如果在遇到任何危機時都不被媒體影響，而是確認事實狀況後判斷該不該投

資，就能賺得一大筆錢。

你問我，如果大家都知道這方法，會不會所有人都不被媒體影響，這樣不就沒有意義了嗎？資本主義市場長久以來都是這樣，仍然無法改變大眾。幸好（？）就算是透過好書或好課程公開這個方法，相信並執行的人的比例還是極少數。因此，「在資本主義市場都要站在跟大眾相反的那一邊」是我一直以來堅持的，也是往後的答案。

✎ **致富小技術 26**

有錢的人的答案總是在跟大眾相反的路上。

相較於期待上漲或是害怕下跌，更應該要先確認事實。

光是確認市場上釋出的建物再投資，也能在投資時不受媒體的氣氛影響。

Chapter 4

透過創業
快十倍成為有錢人

更快速地致富的事業

01 —————
透過創業成為有錢人

　　我認為能變成有錢人的方法大致上有兩種，第一種是房地產，第二種是創業。不知道從什麼時候開始，大家不再稱我為房地產投資者，而是稱我為成功的創業家，因為我投資生涯的前半段是房地產，後半段是創業。原本，我存完種子基金之後就對創業很有興趣（前面宋事務長的小故事裡提過，我存完種子基金後，原本想要憑創業一決勝負），透過投資房地產累積到一定程度的資產後，我再次對創業很感興趣。

　　我在購入能收取租賃收入的房地產的過程中，開始對創業產生興趣。為了能創造每個月的被動收入，初期我購置的是住家或住辦大樓等房地產，後來主要購買店面或社區商店等商業用途的建物，這時我會把店面租給各種行業的承租人，於是自然而然就開始對各種創業產生興趣。

　　其實就連我開始要正式發展創業之前，我還是認為創業是很專門的領域，雖然能賺大錢，但變數很多、容易失敗，所以沒有把握能穩定經營。不過實際上親自經營各種事業體之後，我領悟到只要準備好，收益會非常穩定，而且能夠以最快的速

度獲得龐大收益。出租一間店面最多的收益就是租賃收入，由於市價是固定的，所以最大收益也是固定的。可是，如果自己利用那個店面來創業，就能收取遠高於租賃收入界限的更多、更龐大收益。

一般認為店面的承租人規模不大，但有些人打破了這樣的偏見。這些人藉由好的項目和經營能力，讓他們繳了租金後還是能獲得比房東拿到的租賃收入高上許多的收益，他們就是所謂的「超級承租人」。（譯注：形容讓商圈起死回生的承租店家或是在租賃關係上擁有比房東更大的談判權的承租方，如勢力較大的連鎖企業等）

我在投資店面的過程中，分析這種超級承租人販賣何種商品，後來不知不覺間開始被經營事業賺錢的結構吸引。從那時起，我找店面的同時，開始把焦點從租賃收入的多寡，轉移思考這個店家能賺到多少營收。也就是說，我不是計算「購買這個店面後能收到多少租金？」而是思考「如果由適合這個店家的業主來經營，他可以獲得多少營業收益？」，我計算收益的方式完全改變了。

所以現在購買店面後，我不會只是出租，而是透過「創業」來增加一項被動收入，得到比租賃收入更多的金流。

我簡單介紹一下在店面增加事業的原理。能收取更多租金的其中一個方法是「分割空間」，換句話說，就是把一個空間分

割成好幾個小空間。

　　舉例來說，A店面全部出租時能收取一百萬韓元的租賃收入，那麼如果把A店面分成A-1和A-2兩個獨立空間，就能各別收取每個月六十萬韓元，總共一百二十萬韓元的租金。將一個空間一分為二之後，收益就多了二十萬韓元。如果像這樣活用分割空間的方法，不論是出租店面還是經營事業都能收取更多利益（但是不能隨意分割，必須是需求極高的地方）。如果五十坪大的店面沒有一次出租，而是分割成十到十五個地方，打造成個人辦公室，那麼雖然硬體費用會增加，卻能創造出兩倍以上的金流。

　　我曾經買過一間一百五十坪的店面。那間店面位於補習街附近，條件非常好，租賃需求非常高，幾乎沒有空窗期，就算是馬上租給補習班也是可行的。如果租給一間補習班，每個月的租賃收入就能達到五百萬韓元。

　　不過，我把這一百五十坪的店面打造成K書中心。K書中心是以書桌來分割的空間。K書中心的硬體設備完成後，總共有超過兩百個座位，所以等於是把一個空間分割成兩百個。結果這兩百個小空間都會付租金給我，這比全部當成一個店面出租創造出多上數倍的收益。

　　還有一個方法能讓一個店面獲取最大的收益，那就是「分

割時間」。你有猜到「分割時間」的含意了嗎？你看我舉的例子後應該馬上就能理解。

一般出租的方式是以一至兩年為單位租給一個承租人，每個月收取租金，不過我是依據客戶的需要以小時為單位出租店面空間。

以我前面提到的K書中心來說，這是把一個座位租給一個客人一個月，但「讀書咖啡廳（譯注：類似臺灣不限時咖啡廳，但座位分布較像是K書中心。）」不是一個人指定一個位置，而是許多人能以小時為單位來使用。這麼一來就會比把一個座位租給一個指定的人賺取更多的租賃收入。現在，像這樣在同一個空間內分割時間來賺取收益的業者越來越多。

有些人會把店家或住家布置成攝影棚，他們也是以小時為單位出租供人拍攝。派對空間或Airbnb也是把同樣的空間以小時為單位出租，提供空間辦派對或住宿。

我曾經購入一個三十五坪急售的店面，也苦思過該怎麼使用。我購入的當下是由美術補習班租用，每個月租賃收入是一百萬韓元，如果要分割空間，面積有點尷尬。

一番苦思後，我把那個店面打造成大型演講空間。裡面已經設置了迷你投影機、音響設備、書桌、椅子等演講時需要使用的設備。那裡離捷運站很近，也有停車場，我覺得很適合多人聚會。在我把這裡布置成演講空間之前，附近只有小型的演

講空間,最大的頂多只能容納二十到五十人。我認為如果我把這裡打造成能容納八九十人的演講空間,勢必會有需求產生。我的預測果然命中了。當我將這間店面打造成演講空間後,許多團體都以小時為單位租用,這比原本只租給一個地方收益更多,至多達到三、四倍。

我每次投資房地產時都像這樣會多創造一項事業,這樣就會比純粹收取租賃收入,得到更多的收益,而且我認為如果是能分割時間和空間的創業更是如此。

把創業結合房地產來投資,就是把投資房地產的價值發揮到淋漓盡致。我體驗過後發現真的是如此。但是,如果你是從前面看到這裡的讀者應該有發現,那就是投資也有順序。你大概已經猜到,把創業結合房地產來投資雖然能快速獲得更大的收益,卻需要更多的投資金。所以如果先——累積能獲取租賃收入的房地產,確保現金流達到某種程度,也存到充分的投資金,就可以把目光放在結合創業上,作為最終的投資。

當你具備經營事業的能力,就能大膽地買下閒置的店面。你只要自己親自經營那間店面就根本不用擔心空間閒置。目前為止我購置急售的店面,大部分都是閒置空間或是承租人因為生意慘淡而準備要撤店。

已故的大宇集團創始人金宇中會長說過:「世界相當寬廣,

能做的事非常多。」當時正在準備就業的我不相信這句話。因為明明有很多公司，卻沒有一間公司願意為我開門、願意錄取我。所以我當時解讀成這句話已經過時了，那是在以前才行得通的一句話。

然而，當我開始發展創業，理解這類型的體系後，便體會到這句話真正的含意，非常有共鳴。以前我淒涼地認為「連找個工作都很難」，現在則改變成自信滿滿地認為：「世界上怎麼會有這麼多能做的事、能賺的錢呢？」

現在我常常對身邊的人或是來上我的課的學生說：

「在這世界上能賺錢的事情，真的多到數不清。」

只要改變想法、累積實力，某天你也會對這句話有百分之一百、百分之兩百的產生共鳴的。

✎ 致富小技術 ㉗

只要做好準備，創業也是能穩定賺錢的領域。

與其只是直接出租整間房子，善用「分割空間」和「分割時間」這兩個方法，就能有多上數倍的收入。

你總有一天會體會到，世界相當寬廣，能做的事真的很多。

02

在當有錢人之前，
要先了解「有錢人的算計」

　　大部分的人非常熟悉計算自己的收入和支出的方法。大家每個月都會想「離發薪日還好久」、「這個月的薪水扣掉卡費、房租、保費還有各種生活開銷後，到底我還剩下多少錢？」、「這裡還要再省下什麼才能存到更多錢呢？」，這是因為對他們來說收入來源只有「薪水」。

　　不過，現在你應該已經領悟到，光憑儲蓄絕對無法變成有錢人，要增加除了薪水之外的金流才行。所以，如果你想變成有錢人，從現在起與其煩惱該怎麼節省，不如專注思考如何增加收入的種類。

　　如果想增加收入的種類，首先要先懂得計算購入房地產或經營事業時能獲取多少收益。我把這種計算方法稱為「有錢人的算計」（附帶一提，是我最先使用「有錢人的算計」這個用語的）。我常說「很會算的人會變成有錢人」，事實上如果很會算，也就是說懂得用有錢人的算法計算，就能輕鬆累積財富。

　　我有一個習慣，只要去人多的地方，不管是哪裡我都會試

著計算那裡要怎麼賺錢、能賺多少錢。「這間店是賣什麼才會有那麼多人？如果沒有客人，那麼是少了什麼？」我調查後甚至會計算那裡的營收和利潤。

假設你經過一間大排長龍的咖啡店，那麼你會怎麼想呢？

如果你想：「到底這間咖啡店是藏了什麼祕法、是有多好吃，才會吸引這麼多人排隊？」那麼你就是個平凡人。有錢人除了評價食物之外，會先計算「經營這間店要多少錢？如果要經營這間店需要多少利潤？」這就是「有錢人的算法」。看房地產也是一樣。有錢人會計算：「如果我要買這個房地產需要投入多少現金，能得到多少的租賃收入和買賣價差？」

為了要變成有錢人，平常就要習慣在各種環境中都像這樣「計算收益」。你覺得有錢人的算法很複雜嗎？根本不用擔心。只要會計算小學程度的加減乘除，任何人都能做到。

舉例來說，當你進入某間正在營業的咖啡廳或餐廳，可以透過桌數和翻桌率大概推算一天來客數，然後再乘以餐點價格，就能算出一天的營業額。一天的營業額乘以三十就能算出一個月的營業額。然後看一下那間店的員工人數，算出人事費用、店面租金、管理費用等基本的固定開銷就完成了。推算的總營業額扣除支出費用後，就能算出那間店每個月的利潤大概是到哪種程度。

一日營業額＝餐點價格×來客數

每月營業額＝一日營業額×30（或營業天數）

每月支出＝人事費用＋租金＋管理費用＋食材費用＋……

∴每月淨收益＝每月營業額－每月支出

一開始計算可能會花比較多時間，但反覆計算後就會逐漸熟悉而能算得更快。如果具備這樣的能力，就能估量出每種創業每個月大概會有多少收益。

下一步就是要計算硬體成本，如果要開這樣的店，大概需要多少資金。開店時通常裝潢會占最大的比重，之後才是人事費用、店面租金等。

如果自己有裝潢經驗，就能大略估算裝潢費，但如果沒有頭緒，可以上網搜尋，在加盟總公司的網站上找出裝潢費，不過如果想要知道更精確的費用，也可以親自打電話給總公司或當面詢問老闆（一開始至少要花這點程度的努力來理出頭緒）。除此之外，薪資費用只要以最低薪資為標準來計算就行了。如果對租金行情不太熟悉，不知道月租多少的話，可以向附近的住家或店家詢問。

這樣計算後，偶爾會發現有些項目非常賺錢，硬體成本很低、維修費也不高卻有龐大收益。所以，如果平常就習慣用有

錢人的算法來計算，那麼甚至能培養立刻掌握有潛力的事業項目的能力。

　　如果平常就習慣用有錢人的算法計算，自然而然就會有眼光能區分哪個房地產很好，哪個項目會大賺。所以，持續這樣練習的人即使接觸到新的項目，也能比平常沒有計算習慣的人更乾脆地決定。

　　我希望你不要忘記，如果你像這樣一直關心別人是怎麼賺錢、賺多少錢，那麼就能更輕鬆地變成有錢人。

✎ 致富小技術 ㉘

所謂「有錢人的算計」是指大略計算房地產和創業的收益。

如果養成這樣計算的習慣，就會提升投資敏銳度，也能選出有潛力的項目。

---

03 ───────
不要變成有技術的人
要成為有企畫力的人

　　你應該有聽過別人說要變成有技術的人，但是「要成為有企畫的人」呢？大部分提到「企畫」時都是在談戲劇或表演，應該沒有人在生活中聽到別人說要成為「有企畫力的人」。

　　雖然我沒有許多領域的技術，但我到目前為止成功發展多樣創業。我是如何在沒什麼相關技術的情況下還能在該領域獲得好成果的呢？難道是因為資金雄厚嗎？絕對不是。正是因為我擁有企畫力的思維。

　　大部分的人都是有技術的人。仔細思考看看，我們不得不變成這樣。在讀國小、國中的時候是為了進好大學而讀書，讀大學的時候是為了找到喜歡的工作而讀書，進公司後則是具備該公司需要的技術。從此之後直到退休都是透過那項技術來領薪水。就算不是上班族，像醫生、律師這樣從事專門領域的人也都只不過是擁有一項高端的技術，他們同樣是終生單憑那項技術來賺錢。

有技術的人會有一種傾向，就是無法跳脫出自己學過的領域。像是電視節目裡常出現年歲已高的師傅燒窯、製作草蓆或石磨。他們從小到大就只會做這件事，所以一般人來看時會覺得他們的技巧神乎其技。導演問達人：「您都這把年紀了，怎麼能做到這些呢？」他們大部分的回答就像背稿一樣如出一轍，都是哈哈大笑說：「我只會這個啊～」大家都覺得學了一種技術後，一輩子以此維生是很理所當然的。

　　不過，基本上技術是必須投入勞力的，所以憑技術來賺錢是有限的。因為如果要增加收益，就只能花更長的時間工作。

　　是不是因為大部分的人都是有技術的人，才會有這樣的結果呢？如果要創業，大家都會覺得要先從學習那領域的「技術」開始。

　　舉例來說，如果有人告訴你以後中式樂活餐廳會成為主流，所以推薦你試試看，那麼大部分的人會怎麼準備呢？一般人都想要先學習如何做菜。先花好幾年學完技術、能燒得一桌好菜後，才會開始創業。開店後的經營型態就是老闆親自進廚房工作。如果要像這樣學會做菜技術再創業，就得要花好幾年的時間才能開店。

　　相反地，如果是由有企畫的人來開中式餐廳會如何呢？他不會去學做菜。他反而會分析各種食材，調查鄰近的消費者喜歡哪種料理，列出餐廳預備推出的菜單，裝潢餐廳時也會搭配

時下的潮流。至於料理的部分只要雇用擅長中式料理的廚師，也就是技術人員就行了。當這些流程都準備好之後，就充分能在一年內開店。

你覺得後者似乎投入更多資金嗎？簡單比較一下，差別只是多了主廚的薪水，並沒有差很多。另一方面，以後者的狀況來說，他付錢給主廚後，自己就不用留在餐廳，所以同時間還能從事其他項業務。因此，有技術的人只能一個人顧店，有企畫的人則能同時顧兩三間以上的店面。以結果來看，有企畫的人比有技術的人的收益多上更多。

有企畫的人和有技術的人的視角就是這樣明顯不同。在準備同一項事業時，有技術的人會長時間下功夫學習「料理」這項技術，但有企畫力的人會把焦點放在分析消費者與需求上。他會分析消費者喜歡哪種料理、哪種裝潢風格等，持續研究餐廳的地點、行銷方式、員工管理方法等，然後再雇用技術高超的技術人員。這就是有企畫的人的心態。

這並不局限於某種特定的創業。任何領域都一樣，學房地產的時候也要以有企畫的人的心態來面對。

舉例來說，假如有人跟你說未來投資土地很有發展潛力，建議你現在開始學習，那麼大部分的人就會先害怕，因為要——消化並吸收土地相關法條並不容易。許多人就會因此對

於挑戰土地投資猶豫不決。

　　不過這同樣也是因為他們都用有技術的人的心態來面對的關係。土地投資的基本是要從許多土地中選出能蓋房子的土地。只要記得這點、聚焦在這點上來學習就行了。許多人卻因為太重視法條，以為得要全都瞭解，所以才會覺得困難。

　　如果是以有企畫的人的思維來面對，投資土地就會變得輕鬆。有企畫的人雖然需要培養看土地的眼光，但他不會想要瞭解所有跟土地有關的法條項目。這部分只要拜託有技術的人，也就是土木技師、建設公司等這些領域的專家就行了（有人說就算不是專家的人只要學也學得會，但其實實力還是很難比得上那領域的專家）。

　　在我決定要投資濟州島的土地，到購買土地的時候也是一樣，我並沒有學習土地相關知識，而是雇用技術相當熟練的人。只要給仲介公司豐厚的仲介費，他們就會介紹土地給我，我收到資料後立刻轉傳給建設公司，請他們研究這是否為能開發的土地。那麼建設公司分析那塊土地後，會提交一份報告給我，告訴我能不能建設，如果是蓋別墅，會有幾層、幾戶。

　　我要做的事就是參考這份報告之後，預測當我買下土地、建築物還在蓋的時候是不是能順利讓渡，再決定讓渡金額的高低。也就是說，我只要確實地調查需求面就行了。

　　這時，時機就是關鍵，所以需要有能馬上實行的企畫。因

此我買下土地後到建設、讓渡為止，都會在每個階段僱用專業人士（仲介、建設公司、施工單位），結果就是讓我在短時間獲得了龐大收益。

就像這樣，雖然我決定要做的事情是我從來沒碰過的，但我真的只花很短的時間就讓計畫實行了（如果我花時間學習土地法條，就會錯過大好時機了）。因為在我分析新的產業相關趨勢或消費者滿意度之後，如果判斷覺得可行，就會僱用該領域的專家來做。

如果擁有有企畫的人的思維，就算自己沒有技術，還是能挑戰任何領域。所以有企畫的人擁有無窮無盡的機會，因為只要他們想得到就做得到。

┤ ✎ 致富小技術 ㉙ ├

在資本主義市場中，有技術的人很難變成有錢人，懂得企畫的人才能成為有錢人。

有技術的人專注於提升自己的技術，但有企畫的人專注於理解消費者。

04 ————
要經營不用上班
也能運作的事業體

　　如果我鼓勵別人要經營事業體，他們就會反問我：「是要我做生意嗎？」大部分的人並沒有很在意「生意」和「事業體」的差別。不過生意和事業體是截然不同的，這本書裡我想說的是「事業體」而非生意。首先，要從生意和事業體的概念開始理解。用一句話來說，生意是單純地賺取利潤，事業體則是創造價值，只要這樣理解就行了。同樣是便利商店、咖啡廳、餐廳……有些人是做生意，有些人則是事業。

　　舉例來說，有位老闆開了一間咖啡店，如果他親自在店裡泡咖啡，那麼他就是在做生意；相反地，如果他沒有親自過去，而是雇用員工，自己經營兩個以上的店面，那麼他就是在經營事業體。

　　你知道其中的差異嗎？做生意是投入自己的技術和勞力來賺取利潤，但經營事業體是配置需要的人力，創造被動收入，也就是建構出自己不用親自工作也能賺錢的體系，進而創造價值。所以做生意的人光是經營一間店也很吃力，但經營事業體

的人通常能持續增加店面，開第三間、第四間、第五間店。只比較一間店面時，會覺得老闆親自工作的店面，人事費用相對較低，所以收益可能會比較高，但一個人能工作的時間有限，收益也有限。不過，經營事業體的人能持續增加店面數量，因此收益是無限大。

　　我偶爾會去一間美食餐廳。那是一對老夫妻經營的刀削麵。以我的口味來說，我覺得他們的手藝非常卓越，說他們是全韓國第一名也不為過。咬下一口厚厚的蛤蠣肉時，連一點沙子都不會吃到，吐沙吐得很乾淨，湯頭也是非常清爽。而且，每天醃的泡菜簡直是一絕。這對老夫婦在這狹窄的空間只放了六張桌子，他們已經在同個地方經營了二十年。營業時間是上午十一點工作到下午四點（雖然你可能會覺得只有工作五個小時，但如果要經營餐廳，開店前的準備時間也非常長），客人常常大排長龍。

　　不過，雖然一直都有人在排隊等著要吃，但一整天可以賣出的最大量是固定的。我突然計算一下，發現不管他們生意再怎麼好，每個月頂多就是賺到五百萬韓元，收益是有限的。所以儘管他們長年都生意興隆，依然不是有錢人（當然這對老夫妻並不是為了變成有錢人而做生意的。我只是為了讓你們容易理解才以像他們這樣很有實力、生意很好的狀況為例）。雖然他們擁有卓越的實力和技術，卻無法變成有錢人，原因在於他

們不是經營事業體，只是做生意而已。

如果這對老夫妻以事業的角度來面對銷售刀削麵這件事，就能少點身體勞力，還能賺取更大的收益。假設他們創立本店後，傳授料理方法給好幾間連鎖店，逐漸擴大店數，然後有系統地提供食材和醬料給各個分店，這麼一來，就算他們沒有親自下廚，也能讓十個、二十個地方都能吃到同樣美味的刀削麵。這樣他們就不會只有一間店，而是能開十間、二十間以上的分店，獲得更多的收益（坦白來說，大部分餐廳的料理技術都沒有他們這麼好，卻能透過連鎖店賺一大筆錢）。不管技術再怎麼好，也要有商業頭腦才能賺大錢。

接下來是我的學員創事業體成功的故事，透過這個例子能清楚理解事業和生意的差異。

這個學生是三個孩子的爸爸。老大三歲時，他們計畫要生第二胎，結果生下了雙胞胎，於是立刻成了有三個孩子的家庭。家中有三個小孩卻只有一個人在工作，光憑著上班的薪水實在很難養一家人，他陷入深深的苦惱中。不過他也很難只是把三個孩子交給老婆照顧，自己運用周末或晚餐時間兼職。

他面臨艱困的現實，非常苦惱未來該怎麼辦，就在這時他發現了我在部落格上寫的文章，從那時起他開始對經營事業產生興趣，也在上了我的課之後，下定決心要挑戰看看。

結果在課程結束前他已經成功創業，開設讀書咖啡廳。在

他決定要創業開設讀書咖啡廳之前煩惱很多，其中最首要的條件是，必須是他本人不用親自常到也能運作的項目。為了要經營事業而非做生意，他考慮了非常多。

他判斷最適合的項目就是讀書咖啡廳後就開始準備創業。讀書咖啡廳的特性是，開店後一整天都不需要花太多的時間管理，只要去一兩個小時就夠了，充分能當成副業來經營。顧客自行在自動服務機上註冊後就能選擇座位，清潔和補充用品則交給兼職的工讀生來做，他要做的就是在忙碌的工作中利用空檔過去一趟，確認用品還夠不夠、有沒有打掃乾淨就可以了。也就是說，就算他沒有去讀書咖啡廳裡上班，這間店依然充分能自行運作。他會利用到店裡整理的時間聽聽顧客使用硬體設施的意見來改進不足之處，確保顧客都能穩定上門。

多虧他經營「事業」，現在即使像之前那樣上班也能陪伴小孩，而且創業三個月後，每個月淨收入增加到八百萬韓元，所以生活非常富裕。過了不久他開了第二間讀書咖啡廳，聽說他的第二間店也很成功。

這個學生的案例不僅清楚地說明何謂「事業」，也是充分利用電腦自助化系統的案例。往後自助化的速度將會急遽加快。現在我們已經漸漸熟悉自助加油站、自助洗衣店、自助停車場、自助咖啡機等各種無人商店的設備，大型超市也正在增加自助結帳櫃檯的機器數量。不知道從什麼時候開始，我們進入

餐廳後對於在自助機台點餐不再陌生，光從這點也能發現，不是嗎？

目前為止經營事業時，影響收益最大的部分就是人事費用。就算你認為還負擔得起人事費用，長期雇用一個員工也不是件容易的事，過程中會遇到很多困難。不過，現在由於自動化機器越來越發達，就能降低這樣的煩惱。

此外，雖然目前為止的事業主要都是由有技術的人租賃店面來經營，但往後時代的趨勢是大部分的出租人，也就是屋主會直接在自己的房地產裡經營創業。

之前屋主都是跟承租人收租金就結束了，但現在起，如果能利用自助系統將自己的店面打造成無人便利商店、餐廳或洗衣店等，就算沒有特殊的技術，沒有投入額外的勞力，也能收取比租賃收入更大的收益，所以就沒有理由不親自經營創業。

往後像這樣經營事業的好時機會更快來到，因此創業的領域會比現在受到更多關注。時代正快速地變化。希望你不要忘記，如果清楚理解「創業並非生意」，並且有計畫地將這點跟房地產結合，就能在未來抓住機會，以更快的速度變成有錢人。

✎ 致富小技術 ㉚

做生意只是賺取利潤，但經營創業是創造價值。

要成為「事業家」理解生意和創業的差異，經營不上班也能運作的商店。

---

05 ———
選擇不會退流行的
創業項目吧！

　　你活到現在應該多少都聽過別人說過「以前我曾過賺了一大筆錢，卻因為○○突然出問題」、「我曾經真的是當紅人物」這類的話。在爸媽那個世代是這樣，現在我們身邊依然時不時會聽見這樣的言論。

　　其實我真的很討厭這種話。而且我覺得說這些話的人在金錢運用方面的水準真的很低。他們之前沒有守住來到面前的大好機會和金錢，如果現在還是沒有進步，那麼當初他們賺大錢的那個時機只不過是運氣好而已，不能說他們具備了那樣的實力。這也是為什麼樂透得主把獎金花在各種地方後就會回到原本的狀態，或是變得更糟。然而，他們卻解讀為自己只是運氣不好，根本不會想要下功夫檢討自己的缺失並改變。

　　如果有能力掌控金錢，不只有能力讓金錢回來，也絕對不會失去已經到手的金錢。所以懂得掌控金錢的有錢人絕對不會讓錢溜走。

　　經營事業也是一樣，很多人剛開始創業時都想像著金光閃

閃的數億萬韓幣。這是初學者常犯的錯誤，絕對禁止野心勃勃地以為自己只要努力就能有好的收益。因為也有很多人一次就把自己省吃儉用、一點一滴存起的退休金統統賠掉。市場不會一直都很好。有錢人不只考量到收益，也會想到不景氣，必須是在最壞的狀況中也依然安全時才會開始經營事業。

我經營事業時最先考量的也是能不能回本。任何投資都一樣，獲得龐大收益當然很重要，但是最重要的是不要虧錢。你問我在經營事業時有可能回本嗎？當然啊！所謂能保本的創業，就是指你開始投資後，投入的設備等費用全都能回收。所以我觀察一個項目時會最先確認投入的資金是否能在兩到三年內全數回收。

要慎選項目

選擇項目是經營事業裡最重要的要素。既然要做，最好能選擇不須競爭也能長久獨占的項目。而且雖然現在沒有競爭者也很重要，但就算往後出現新的競爭者，也必須能占上風、不被捲入競爭中。

此外，也要有持續的需求。這就是我最喜歡的創業項目要件。我喜歡不會退流行，顧客能持續回頭購買五年以上，要這樣才能安全地回收本金、賺取收益。

另外，在經營事業的過程中，你會領悟到雖然賺大錢很重

要，但能輕鬆管理也非常重要。不論能賺多多的錢，如果需要花很多時間和心思來管理，就很難長久維持。所以我最喜歡能憑著少量的人力輕鬆管理的項目。因為投入的人力越多，勢必言論也越多、紛爭也越多。

　　說選擇項目是經營事業方面最重要的過程也不為過。這階段比任何時候都要更慎重，然而有許多人比你想得更容易只聽別人說的話就決定，或是沒什麼考慮就直接選擇當下流行的項目，然後輕易越過這個過程。

　　大部分的人喜歡挑簡單開始、短時間內看到結果的項目。雖然喜歡輕鬆、方便、快速是再正常也不過的事，但這麼做之後，往往結果都會不如預期。

　　光是看身邊快速崛起又消失的曇花一現的商店就能略知一二。蜂巢冰淇淋、臺灣古早味蛋糕、熱狗、夾娃娃機等如雨後春筍般迅速竄紅的商店，現在都很難再看到了，不是嗎？

　　如果出現了一間平常很難看到、大家都很陌生的商店，初期大排長龍的景象總是會吸引我們的目光。不過絕對不能被這些排隊的消費者欺騙。我要說的意思就是，開幕初期排隊的人一半以上都是在好奇心的驅使下排隊的。

　　因此，選擇創業項目時，不能只看一時的景象就判斷，要確認那種人潮能持續多久，以及是否持續有需求。

　　以進入門檻較低的項目來說，很少有能走得長遠的。因為

如果容易進入就代表類似型態的商店也會快速增加，競爭將會非常激烈，也就是說，選擇簡單的就很難持續獲取收益。

搶先占領不會跟別人競爭的地區

高手不喜歡跟別人激烈競爭來獲取收益。與其在競爭中獲勝來取得收益，不如選擇不用競爭就能得到利益。所以可以說，能成為某領域的高手的人就是找到「做什麼事情不會跟別人競爭、如何才能避免競爭」這些問題的答案的人。

創業也是一樣，與其在競爭中占上風，不如不競爭，這樣更容易成功。前面已經透過相關的方法說明選擇不跟人競爭、能獨占的項目有多好，但就算選擇同樣的項目還是有不用競爭的方法，那就是選擇選擇競爭者較少的地區。

舉例來說，首爾木洞區是好學區、社區大樓價格昂貴，如果在那裡開了第一間高級K書中心，你覺得會有什麼現象呢？就如你想的，那地區第一間出現的高級K書中心馬上客滿，甚至還有一堆人排隊等候補。那麼附近也會開始快速出現其他間高級K書中心，後來即使K書中心已經超過最適數量，新的業主考量到那地區的需求後還是一直會加入。他們判斷這地區讀書的學生需求很多，所以忽略既有的店家，一直開新的店。

你說雖然供給一直增加，但需求還是很多，所以沒關係嗎？就算需求很多，一旦供給變多，就很難達到正常的市場價

格。因為需求者的選擇權變大後，供給者就要提供更好的服務讓客人願意上門。

而且，需求變得這麼多的地方有個特徵，就是越晚加入的越有優勢。後來的人看到已經有相同的業種後還是選擇加入，是因為他們有自信能贏過既有業者。因此，越晚加入的規模和設施都會更大、更高級，於是消費者自然而然都會把腳步轉向新開的店。

那麼難道結果就是晚開的新店勝利嗎？不，這也無法保證。因為既有店家在客人離開之後會開始促銷。他們知道自己的設施比不過別人就採取低價策略。這麼一來，原本經營得好好的K書中心為了保住老客戶，只好開始降價。一旦走到了這一步，就無法以正常的市價經營，那麼這地區K書中心的整體收益就一定會下滑。

這就是實際上木洞K書中心的現況。就算在競爭激烈的地區像這樣掌握先機，收益也不大。所以我一開始就不會在預期會有激烈競爭者的地方經營創業。

這麼說來，難道要在被公司、酒吧、KTV包圍的地方開設K書中心嗎？到了晚上都是各種華麗招牌閃爍、四處都是酒吧，任何人看到這種環境都會懷疑這裡真的有人會唸書嗎？

不過，這裡真的出現了高級K書中心。結果如何呢？很意外的是，立刻坐滿了。這裡本來就需要可以讀書的地方，但是

都沒有K書中心。可是這裡跟木洞不一樣，就算某一間K書中心坐滿了，其他競爭者也不一定會進來。因為很難預期會不會有更多的需求。這裡就是我說的能有穩定收益的地方，不需要競爭。而以上所述是我學生的實際案例，他現在也在這裡收取穩定的收益。

如上所述，經營事業時不只是項目很重要，選擇不會跟人競爭的地區也真的很重要。光是慎重考量上述兩點後再開始，也能讓經營變得穩定。

✎ 致富小技術 ③①

經營事業時能保本的意思是兩三年內就能回收設備費用。

創業時要確認是不是能獨占的項目，或者是不是能在競爭中占有優勢的項目，而且選擇不需要競爭的地區的重要性也不亞於選擇項目。

---

06 ────

要挑難的，
賽局才會變得輕鬆

　　我前面提過，大眾偏好容易上手、短時間內能看到結果的項目。不論是工作還是什麼的都一樣，這種傾向在投資和經營創業上也同樣可以看見。不過越簡單的反而會有越高的機率不會有好結果。

　　試想看看，如果你覺得很容易開始，對別人來說不也是很容易開始嗎？你要記得，資本主義市場總是相對的。如果我覺得這是能輕鬆快速賺錢的項目，那麼對別人也是一樣，因此競爭者一定會變多。所以挑簡單的其實就是挑了最難的。

　　我舉個實際案例給你聽。

　　在 iPhone 第一次出現在韓國之前，韓國人很習慣東西壞了就去找原廠維修，但當時 iPhone 的維修服務政策跟韓國不合，引起消費者很多的不滿：一年保固期過後就會換到福利機，或是明明只是要修理小地方，費用卻非常昂貴。所以嗅到這股商機的人開始設立 iPhone 的個人維修站。

　　有維修 iPhone 需求的人會自動找上門來，因此維修站只要

租下便宜的住辦大樓就能經營，不需要租一樓店面負擔高額租金。更何況只要更換零件就好，所以教一名員工修理零件的簡單技巧就能經營，真的是很容易上手的事業。此外，他們購買的零件不是原廠的，是中國製造的便宜零件，毛利率很高。以客人的角度來說，因為比原廠的維修費便宜很多，他們也賺到了，於是 iPhone 個人維修站逐漸開始被大家討論。只要付得出租下住辦大樓的押金、購買簡單的零件就能開店，創業金連一千萬韓元都不到，然而每個月最少可以賺到五百萬，最多可以到一千萬韓元。

某天，有個好友來找我，他本來在公司上班好好的，卻突然說要辭職去開 iPhone 個人維修站。

「我手上有兩千萬韓元，我想要用這筆錢租兩個店面。應該可以吧？我應該一個月可以有好幾倍的收益吧？」

「這個嘛……我覺得現在雖然看起來很好，但這個不長久。像這樣的小額創業以後很快就到處都是。如果你真的要做，我建議你先繼續上班，然後只要開一間就好。」

「那樣太可惜了。我覺得這是人生中的大好機會。」

「……」

看來他沉溺在自己的幻想中，太過興奮，沒辦法好好聽進我的建議。過不久就聽說他還是辭掉工作，開了兩間店。結果如何呢？

　　他開店一年內附近就多了四間 iPhone 維修站，甚至還有資本家進入市場，把一樓的店面裝修成非常氣派的維修站。於是老舊的店面立刻失去競爭力。由於競爭太過激烈，他就開始逐漸降低應該收取的維修費，改以優惠的價格競爭，市場競爭變得白熱化之後，形成很難獲得龐大利潤的局面。我聽說那位辭掉工作創業的朋友不到兩年就收掉店面了。

　　不只是這位朋友，許多人都只是看到現有的條件就決定要經營創業。但是應該要知道，如果這條件對你來說很容易，對其他人來說也是一樣，競爭者勢必會迅速增加。

　　還是新手的時候，肯定會非常喜歡進入門檻很低的產業，可是如果真正想要持久賺錢，反而要選擇進入門檻很高的項目。我說的並不是要選擇複雜的，意思是你要考慮如何能讓競爭降到最小。

　　也許是因為這樣，每次我開始經營一個新的事業時感覺就像在解題一樣。當我發現了別人無法輕易挑戰的物件，然後開始經營創業時，就會像是找出藏在各處的解答一樣。

　　房地產是如此，創業也是如此。

　　我記得有一次仲介跟我說：

「宋事務長為什麼都只買奇怪的物件？」

「嗯……好的物件都沒辦法賣得很便宜嘛！」

「您都只買那些我看起來會很難搞的物件，這樣不累嗎？」

「老舊的只要修理就行了，有瑕疵的只要解決就行了，經營不順的只要讓它順利就行了啊！房地產的價值取決於遇到誰。而且要買這些物件才不必跟別人競爭。」

「那麼您買之前就是認為這些問題可以解決才買的嗎？」

「對啊！我都事先充分考慮過該怎麼解決，得到答案後才決定購買的。」

如果你覺得很難，別人一定也會覺得很難。所以如果你不斷苦思後得到了答案，那就會成為機會。雖然在得到答案之前很辛苦，但得到答案之後，就能更輕鬆賺到很多錢。這就是為什麼我說挑簡單的就會很難、挑難的就會變得簡單的原因。如果這樣想，那麼不論到哪裡都能做出聰明的判斷。

不過，我的意思絕對不是要你勉強去挑戰那些很難的事情。不管什麼時候都不應該勉強。我前面已經提到好幾次，真正的高手絕對不會失去已經到手的錢。高手並不是錢很多的人，而是懂得守住自己的錢的人。雖然現在運氣很好、創業賺錢，但如果守不住錢，他就不是高手。守不住錢就是因為投資

在自己不瞭解的地方。

　　只要是我不瞭解的，不管大家說那個領域能賺多少錢，我都不會投資。如果遵守這個原則，就算會有點晚，也還是能安全地運用資產。遵守「不要勉強」這原則也是能一輩子過著有錢人的生活的方法。希望你不會忘記，不在不懂的時候投資也是一種方法。

✎ 致富小技術 ㉜

簡單的東西一定很快就會傳開，競爭會變得激烈。

開始創業時，不要只考慮現在的競爭者，也要想到未來會加入的競爭者。

而且，不管發生什麼事都不該勉強。

---

07 ─────
貧窮不是天生，
而是錢潮就在身邊你看不到！

　　有人說，人生一輩子會有三次機會。也許是這句話廣為人知，所以常聽到很多人說：「到底我什麼時候才能遇到三次的機會？」「人生中真的會有機會嗎？」「我好像連一次機會都沒有遇過……還是已經遇到了，只是我沒發現？」

　　我想要反問這些人，為什麼你覺得人生的機會只會有三次呢？為什麼你覺得一定會遇到那三次機會呢？

　　人生中會有三次機會這句話錯了！有人一輩子遇到的機會超過三十次，也有人一輩子連一次都沒遇過，這取決於自己怎麼生活。努力的人運氣會更好。

　　看到我投資結果的人常說我頭腦很好、我天生就很有眼光。因為他們看到我買下別人排斥的房地產，創造出新的結果而有好成績，但這些話百分之百是錯的，只看結果的人才會這麼說。

　　平常沒什麼想法的人，如果有天靈光乍現，想到了一個好

點子而賺大錢，那就可以說「他頭腦很好」、「天生就有好眼光」，但我絕對不是那種類型的人。

我之所以能找到好方法是因為我平常一直思考。我就連在平常也會一直不斷苦思，仔細觀察四周。現在已經養成苦思的習慣，有時候突然拉回現實，才發現我在不知不覺間又一直在苦思。

當我看到房地產，尤其是最不被大家注意的老舊房地產時，我就會一直思考：「該怎麼改變這個物件，要換成什麼樣子才能提升它的價值呢？」

開始投資房地產後，我會深入苦思如何運用這些不被注意的房地產，想了好幾次之後，往往能在最終找到可以運用的方法而賺大錢。

就算是一樣的地點，也會隨著屋主不同而改變店家的經營模式。有一次我看到一個任何人都不感興趣的房子，之後我就開始陷入苦思，那是位於地下室的店面。像是《寄生上流》電影中出現的半地下室那樣位於地下室的店面，因採光不佳、通風不好等缺點而無法吸引大家的注意，所以雖然能買得很便宜，但問題是該如何運用。

「該如何運用位於地下室的店面呢？一定有辦法能發揮出它的最大價值……」

從那個時候開始，我所有的注意力都傾注在尋找能運用地下室空間的項目。

後來某天我看到一則新聞，韓國的街舞隊伍在世界比賽中霸氣奪得第一名，全世界正吹起韓流旋風。當時韓國的各所大學在韓流旋風下準備創立應用音樂系。不過即使有了系所，也還沒有很多地方提供他們可以練習的場所。

「往後應該會更需要練舞室或練唱室，那麼用地下室來當練習室是最適合的耶！」

通常練舞室或練音室裡音樂都會開得很大聲，所以隔音是最重要的，尤其練舞室會激烈震動，所以還需要額外添購隔音設備。如果是在地面上，不管裝了再好的隔音設備也還是不可能完全阻絕噪音。

可是，如果練習室是在地下室呢？在地下室不需要太顧慮別人，練習時可以盡情把音樂開得很大聲。而且優點是能以相對低廉的價格租到更寬敞的空間。

我便嘗試以這為基礎來規劃地下室店面，就在這個時候，有一則晨間新聞引起我的注意，往後韓國小學四年級之前都會把游泳課納為義務教育。

就是這個！游泳池！

這段期間以來我腦中所有的疑問全都在這瞬間解開了。雖然之前我覺得地下室的店面很適合用來作為練舞室或練音室，但還不到那種「太好了」的程度。因為以需求面來看，需要用到練習室的族群並不是一般人，而是有意當藝人的人或是應用音

樂系的學生，再加上練習室的地點也僅限於大學附近或捷運站附近。另外，需求會不會持續也是一個問題。來過一次的人要能持續光顧，也要能帶來新的需求，這才能稱為好的項目，我認為來過練習室的人要持續光顧是有限的。

當然本來就已經有很多位於地下室的游泳池，不過在那之前主要客群還是成年人，也有人是沒有學過游泳的，所以收益沒有那麼大。而且，游泳對成年人來說不是非做不可的事，只能說是一種興趣，所以無法提高單價，重複報名率也不高。

所以我想做的不是一般的游泳池，是專門給小朋友的游泳池。我想要加入「教育」的計畫，打造成專門讓兒童學習游泳的游泳場地。然後只要搭配上課時間設置接駁車，這樣就算地理位置不是黃金商圈也沒關係，不管在哪裡都不會是很大的問題。以後如果游泳被納入義務教育裡，學游泳就變成了必修課程，那麼只要我根據不同的程度設計各種學習課程，就會有很多小孩在開始學習游泳後有志成為最頂尖的游泳好手，因此重複報名率一定會持續提升。

附帶一提，我實際開始經營後，就有許多六歲以上的小學生湧入報名，如我所料，因為游泳攸關成績，所以一旦開始學習，大部分的人就會像學跆拳道一樣，花上超過兩三年的時間來學習整套游泳方法，不會半途而廢。

發現了好的項目後，現在就是要尋找店家。對地下室店家

有興趣的人非常少見，所以尋找物件並不困難，最重要的是能以便宜的價格購入。

為了要把店家打造成游泳池，需要大約一百五十坪的面積。以京畿道來說，如果要買到這種規模的地上層店家，大約需要十億到二十億韓元左右，而我購買的地下室店家同樣是一百五十坪，但購入的金額卻是五億、三億、甚至一點七億（我目前在很多地方都有經營兒童專用游泳池）。光憑店家位於地下室這點，價格就非常便宜。

老舊的地下室店家搖身一變成游泳池的時候，價值上漲到兩倍甚至三倍之多。你問我店家價格怎麼可能差到這麼多嗎？店家收益越高，地價就會越高。來訪的人腳步越頻繁，地價就會越高。原本是乏人問津、充斥霉味的地下店家，如今卻有許多兒童和家長拜訪、好不熱鬧，地價哪有不上漲的道理。

因為我不斷苦思如何運用平常不被人注意的房地產和事業，才能在生活中意想不到的地方得到提示，打造出全新的結果。絕對不是因為我頭腦好、很有眼光，然後在某天突然想到好點子。而是要靠平常就有在思考的人才能得到解答。

依我的經驗來看，我一直以來都是在生活經驗中找到答案。所以總是苦思的人會持續想到新點子和解法。

德國化學家奧古斯特・凱庫勒在夢中得到提示而瞭解「苯

環結構」的故事相當有名。某天他在壁爐前打盹，夢中看到一隻蛇咬住自己的尾巴旋轉後就突然驚醒。也因為這個提示，解開了一直以來無法解開的苯環的結構。

一定是因為平常凱庫勒滿腦子都在想這個問題，連在夢中都因為他努力想得到解答，最後才會在腦中迸出答案。我們應該都有過那種體驗，就是看了意味深長的電影後，夢中時不時也會看見電影場景，想到這點就能容易理解。

阿基米德在泡澡中喊著「尤里卡！（譯注：希臘語 Eureka，意思是「我找到了」）」的故事也是一樣，國王命令他要在不損壞王冠的狀態下測試一個剛做好的新王冠是否為純金，他不斷苦思後，某天他進入浴缸泡澡時，看到流出去的水而突然得到了解答。他一直苦思如何解決王冠的難題，才會在看到溢出的水也跟王冠聯想在一起。

如果想在自己的生活中高喊「尤里卡！」，希望你能更留心觀察身邊的環境。如果你就連在平常也一直思考「有什麼東西並沒有被人們注意，但其實只要滿足某個條件就能讓人們聚集起來」，那麼你也能在看似平凡的環境中得到解答。

不是因為頭腦好、眼光好才能想到好點子而得到好成果。我希望你能記住，總是關心並苦思的人就會是最終的勝者。

在投資房地產、經營事業的過程中，平常的苦思往往會獲得很大的收益。

如果你也想變成有錢人，就要像這樣苦思一兩件事才行。

08 ———
要算到消費者
看不到的東西

　　經營事業時要算到最終消費者看不到的東西才行。你問什麼是消費者看不到的嗎？可能你從來沒有聽過這個詞，覺得很陌生吧？簡單來說，就是要讓消費者覺得自己回本了。當你買到一個商品後得到的滿足感超過所支付的商品價格，就會說：「我今天回本了～」

　　經營事業有個技巧，乍看之下消費者在與你交易時沒有賺到什麼，但要營造出他賺到的感覺，讓消費者覺得自己贏了。

　　如果今天某人去了一間商店，他覺得自己回本了（覺得CP值很高），那麼他就會再去一次，也會告訴身邊的人。這麼一來，這個店家就絕對不會流失只來過一次的人，這個人還會自動帶十個人過來，幫忙推銷。與其在店家門口高聲拉客，邀顧客上門，一個擁有好的體驗的客人等於是更有效的最佳行銷手法（口碑行銷）。

　　我來舉例說明一下怎麼做能讓客人覺得回本了。

那些大排長龍的人氣餐廳，也就是傳聞中的美食餐廳，大致上可分為三種類型。

第一，跟同價位的餐廳相比，食物分量非常豐盛，或是有多種食物可選。這是一種薄利多銷的策略。

第二，跟同價位的餐廳相比，讓客人覺得吃到非常美味的食物。雖然排了很久之後才輪到自己，但因為進去的時候吃到真的很好吃的食物，所以忘記漫長的等待時間。

第三，其他地方絕對吃不到的獨一無二的食物，或是只有特別的地方才吃得到的事物。光是讓消費者擁有跟別人不同、有差異化的體驗，就能帶給他們滿足了。

回客率很高、口碑很好的餐廳可簡略分為這三種。這些體驗都讓客人心情愉悅，覺得自己回本了。

就像這樣，讓消費者覺得自己贏了的方法，不僅限於餐廳，也適用於許多事業。所謂的好書就是讓讀者覺得自己得到的領悟比支付的價格更多，所謂的好課程也就是讓學生覺得自己學到了比價格更多的東西。

客人買了或用了什麼之後，往往會比較自己支付的價格以及自己透過這項服務得到的補償，所以重點是要讓客人覺得自己贏了。這樣才能有好口碑，讓客人一再回來。

觀察傳統市場裡面生意興隆的店鋪也能猜到，客人雖然只

買一樣東西，老闆也總是會多送些什麼。客人拿到贈品後，就沒道理去不送贈品的地方消費。這件事我一直記在心裡，也實行在各項創業上。因此不論是我經營的考試院、K書中心等創業都一定會比其他家店提供至少多一項的服務。

如果客人和消費者覺得自己賺到了，同時老闆也能賺到錢，那麼就是皆大歡喜的理想關係，沒有比這更棒的創業了。

成功不會突然降臨在某個等待的人身上。我希望你不要忘記，總是苦思、研究，並且徹底準備的人才會遇到富裕和成功，「機會是給準備好的人」。

✎ **致富小技術 ㉞**

創業就是要理解客人。
不要只是想賺取利潤，要賺取人心。
要感動第一次上門拜訪的客人。

Chapter 5

成為有錢人
的最終必殺技

帶領我
通往成功

01 ———— 掌握協商的技術

　　我們在生活中一定會遇到跟別人持相反意見，需要協調彼此意見的時候。光想像交易某個物品時就很容易理解。買家想要盡可能買到最便宜，賣家想要盡可能賣得更貴、賺到更多利潤。不僅是店家老闆跟客人之間的關係，房地產的賣方和賣方、出租人和承租人之間等生活中會遇到各種像這樣彼此對立的情況。

　　因為這種狀況隨時都會發生，所以為了要過得更有智慧，就需要有能好好說服對方的協商技術。

　　我讀大學的時候偶然有機會旁聽「心理學」的基礎課程，當時我上那堂課的時候，才發現以前我很常在不知不覺中非常容易就被對方說服。

　　而且是我受到損失，只有對方有好處的情況！從那之後，我很喜歡看跟協商和說服有關的書，當我把書上看來的內容實際運用在生活上而得到益處時則有另一番樂趣。

　　我們的生活就是不間斷的協商與說服。其中我們最容易接

觸到的狀況就是買東西的時候。坦白來說，我買東西時屬於很愛殺價的人。就連在百貨公司買東西也會討價還價（很多人不知道其實在百貨公司是可以討價還價的）。與其說是想要買便宜一點，更貼切的表達應該是我很享受協商的過程。

也許會有人訝異地說：「有錢人竟然會殺價！？」難道你以為有錢人因為錢多，所以買東西都不看價錢嗎？哪有這種道理。當然成為有錢人後其中一個好處是，在買有需要的或是想買的東西時，可以不用考慮太多，想買就買。但是這並不表示，我在買東西的時候就不會計較一般賣家標示的價格合不合理就直接買。很多有錢人不會因為自己有錢就過著揮金如土的生活，有錢人反而更不會把錢浪費在沒必要的地方。

有一次因為家裡需要電視櫃，就去了一趟家具店。那是一個家具聯合賣場，裡面有許多家具店。我覺得家具聯合賣場裡有這麼多間家具店，應該比較可能買到我想要的風格的家具，而且家具店彼此競爭激烈，所以價格應該會更便宜一點。

我抵達賣場、停好車之後，一眼就看到熟悉的家具製造商。如果我有充分的時間可以逛，我應該會看好幾間家具店後，選出其中我最喜歡的風格和最便宜的價錢，但那天我後面還接著其他的行程，只來得及逛一間店。

我進去之後最先看到懸掛著「全面五折到七折」的布條。為了能順利協商，本來最重要的就是要清楚掌握對方的想法。如果我時間夠，至少能大略掌握電視櫃的市價再進去，但我沒能

好好準備，我對這點有點惋惜（附帶一提，當時還沒有智慧型手機）。

我進去家具店一看，就看到了我非常喜歡的電視櫃。現在就是要協商價格了。標價上寫著「264萬韓元→154萬韓元」。

不知道什麼時候開始，商店或百貨公司都會使用這種銷售手法，就是先寫比原價更高的售價，然後再標示特價後的價格。雖然看起來是最終價格，但只要把售價寫得越高，消費者就越會覺得他們賣得很便宜。而且大部分的人都會把吊牌上的特價價格視為沒有協商餘地的金額，不過我知道這金額還有殺價空間。

「老闆，可不可以用實際的價錢賣給我，不要用吊牌上的價錢。我看到入口有標示現在在特價。」

「對啊，因為在特價，所以已經從264萬韓元降到154萬韓元。」

很多人在逛賣場裡許多店家的時候，只會問一下價格就走到其他間店去。也許這間老闆覺得我也只會問問價格就走掉，所以給我一個跟平常一樣的標準答案，

「我現在很忙，沒時間逛其他間。我正在考慮要不要馬上買，所以請賣我便宜一點。」

「嗯……反正你是今天第一位客人……」

我為了進入跟他正式協商的過程而給他信心，讓他知道只要他調低價格，我就不會去其他間店，那時老闆才開始考慮要不要告訴我合理的價格。於是就開始正式進入價格協商的過程，他考慮了一陣子之後說：

　　「最低就是140萬韓元了，因為你是我今天的第一位客人，這是我能給的最多的優惠了。」

　　「老闆你說的是我刷卡還是付現的價錢呢？我會付現，拜託再低一點。」

　　「不是喔！我剛剛說的就是現金付款的價格。」

　　「唉唷！怎麼可能？那麼您剛剛就只是扣掉刷卡手續費而已，沒有算我便宜啊！」

　　「好啦！那我就只能賣你126萬韓元，再低就沒辦法做生意了。」

　　當時我完全不知道電視櫃的市價，我覺得老闆殺到這樣的價格，不是特別給我的優惠，他應該也會這樣跟一般的消費者講。我繼續跟老闆談，因為我仔細觀察他的表情，他沒有露出一絲一毫的煩躁或皺眉頭。所以我猜到應該還有可以繼續殺價的空間。

　　「老闆，這個電視櫃原價超過200萬韓元，如果我買了，應該可以幫我裝好一點的玻璃吧？」

　　「那是當然的啊！我們會裝塗料最高級的玻璃。」

「這個電視櫃長度超過三公尺，玻璃價格應該很貴吧？」

「對啊！少說也要15萬韓元。」

「那麼你可以送到首爾嗎？運費多少啊？」

「當然會幫你送到首爾啊！運費已經含在家具費裡面，不用另外支付。」

人沒辦法輕易推翻自己說過的話，他剛剛說會給我最高級的玻璃，也說可以送到很遠的地方。

「老闆，我不需要玻璃，我家也不在首爾，就在附近而已，很近。所以扣掉玻璃的費用和運費之後，可以算我100萬韓元嗎？」

「唉唷，不行啦！這個賣100萬韓元？不可能啦！」

我看到他氣得跳腳的樣子，覺得這個價格應該就已經不錯了，看來價格已經決定了。

「老闆，老實說我現在急需電視櫃，所以才趕快跑來買。我的新家很大，還會需要再買很多家具。」

「這樣也不行啦！」

「而且100萬韓元就是扣掉老闆說的玻璃費用和運費了耶！」

「……」

他沒辦法再找出任何可以反駁我的藉口，結果我就能用我想要的價格買到喜歡的家具。附帶一提，之後我上網確認，發

現同款的電視櫃價格沒有低於126萬韓元的了。當然我買的沒有包含玻璃。不過以家具店老闆的角度來看，還是有賺到一點利潤。當然相較於一開始寫的特價，利潤少了一點，但最後賣給我的價錢還是有賺頭，所以他才會決定賣給我。

如果我看到標價上的特惠價格後，沒有嘗試討價還價，會怎麼樣呢？有人用100萬韓元買到的東西，另一個人則是付了154萬韓元。

我再舉另一個故事好了。

我在夜店工作時因為要往返地點偏僻的夜店，所以需要買車。我在首爾中古車市場發現一輛性價比很高的中古車，是一台開過三年、價值280萬韓元的中古TICO車。在一陣殺價之後，我花230萬韓元買到這台TICO，它陪著我到全國到處跑了六年半。也許是因為這樣，不知道從什麼時候開始很容易在等紅綠燈的時候熄火，常常故障，於是我就沒有再開這台車了。

我決定要買新車後，開著這台中古TICO去找車商，問這台車該怎麼處理，他說如果我賣他70萬韓元，他就會立刻買，不會考慮車子的狀態。而且他一再強調這個價格對他來說根本沒有利潤（讓人懷疑是不是在狡辯？）。其實我買的時候是花230萬韓元，開了六年半，現在車子甚至常常故障，所以賣70萬對我來說價格還算不錯。

不過，我總覺得應該可以用比車商講的70萬韓元再稍微高

一點的價格賣出。於是我在名為《跳蚤市場》的報紙上（最近已經很少見了，但以前如果要徵人或是出售中古車通常都會選擇刊登在「跳蚤市場」的報紙上）付1萬韓元的廣告費，公告說我的TICO要賣120萬韓元。1萬韓元的廣告只會刊登一天，所以我選擇在週一刊登（周末不會發行，所以週一刊登效果最好）。廣告刊登的當天就有三位中古車車商跟我聯絡，我也約好跟他們見面的時間。我都約在同一天見面，分別是下午三點整、三點五分、三點十五分，我告訴他們見面的時間後，交代說我還有其他行程，務必要守時。

到了下午三點，第一位車商出現在我們約好的地方。

「您好，請問是TICO車的車主嗎？我想看一下車況。」

「好！請看！」

他邊看車身的刮痕、雨刷、輪胎等各處邊說：

「先生，你的車子已經很舊了，狀態也不好，要賣120萬韓元有點勉強。不知道80萬韓元的話……」

在他仔細檢查我的車之前，已經開始討價還價了。不過，第一位車商話都還沒講完，時間已經是三點五分，第二位車商到了。

「您好，我是來看車的。」

還在看車的第一位車商在這瞬間表情開始變得僵硬。他似乎對於出現意料之外的競爭者感到相當不自在。第二位車商也察覺到已經有其他車商在場而嚇了一跳。我走向第一位車商

說：「還有其他人要過來看車，你看完的話就告訴我。如果你不買，我就會請其他還在等待的人過來看。」

第一位車商聽完我的話之後，就以嚴肅的表情觀察車子，就在這個同時約好三點十分要來的另一位車商出現了。不只是第一位車商，後面兩位加入的車商也表現出非常驚訝的表情。只有一個物件要賣，要購買的競爭者卻在瞬間變成了三位。看來他們發現除了自己之外還有多達兩位的競爭者，就開始變得著急。

在這種狀況下，第一位車商的心一定會最不安。一開始到的時候，就跟平常一樣沒有其他競爭者，所以可以慢慢觀察車況，再進入協商的階段，因此有把握能在最後說服車主，用自己想要的價格把車帶走。

不過，在他完全瞭解車況之前就出現了意想不到的兩位競爭者。如果在這競爭中失敗，他就是白跑一趟了。

後面晚到的兩位也都在抵達的時候察覺到已經有其他競爭者在場，所以在他們眼中這個商品變得很好，他們一定也是非常著急地等待著（如果商品相對於消費者較短缺，賣家就占上風了）。

現場氣氛既尷尬又不安，車商沒辦法好好觀察車子的狀態，因為他們的重點都放在要怎麼樣才能把這輛車帶走，而不是車況如何。如果只有一名車商，他就會連細節都斤斤計較，挑出各種毛病來殺價，但這裡有其他競爭者在，沒辦法那麼

做。這時第一位車商開口了：

「先生，我會付100萬韓元買這輛車。您覺得如何呢？」

一開始他還說只有80萬韓元。我聽到這句話之後，轉頭觀察另外兩位車商的表情。看來他們沒有人會喊出比這個更高的金額，100萬韓元就是我心中的目標金額。我原本覺得他一定會殺價，所以才先喊到120萬韓元的。

「好啊！那就用100萬韓元賣你。雖然我很想賣得更貴，但是您都到這裡來了，真是辛苦了。」

我一句話都沒說，就這樣成功談妥價錢了。這就是增加競爭者來提高商品價值的簡單協商方法。

像這樣創造競爭者的方法，不論哪個領域都是非常好用的協商技巧。在以下的狀況中也可以使用這種方法。

假設你要搬到別的地方，得要賣掉現在住的房子。那麼有些買家或仲介看到你上傳的照片後打電話過來時，通常你都是這樣說：

「喂？」

「你好，我看到你的房子才打電話過來。不知道可不可以去看呢？」

「可以啊！隨時都可以過來看。請告訴我，你會過來的日期和時間，我會配合那個時間過去。」

不過我跟他們的說法不一樣。

「喂？」

「你好，我看到你的房子才打電話過來。不知道可不可以去看呢？」

「是的，您好。請問您是昨天打來的那位嗎？」

「不是耶！」

「喔！那您是剛剛打過來的人囉！」

「啊！不是耶！我第一次打這通電話⋯⋯」

我會像這樣創造出假的競爭者。我會讓對方因為我的那句話而想：「原來已經有很多人看到這間房子後打電話給他！」這麼一來，不管是一般的買家還是仲介都會覺得這個房地產很受歡迎，競爭者很多，也會變得有點緊張或焦慮，如此一來，我就能輕易把協商結果引導到我希望的方向。因為創造出競爭的環境後，對方就會自然而然地認為：「萬一我考慮太久就會被別人搶走。」

就像這樣，為了要很有智慧地生活，協商技術是必備的能力。當你要買賣的時候，需要利用協商技術來導出一個對自己有利的結論，而且這技術在其他領域都用得上，非常好用。另一方面，如果你瞭解這樣的技術，也能事先預防受騙，不會在

只對對方有利的協商中輕易上當。知道就真的能充分運用，不知道就一定會有損失，希望你務必能充分使用這個技術。

✎ 致富小技術 ㉟

如果具備協商的技術，就能輕易往自己希望的方向說服對方。

不用覺得很難。人生一輩子只要會幾招就夠了。

---

02 ———

持續不斷
累積好人脈吧

當我開始投資房地產時，我總是會選擇購買那些外觀看起來相當老舊，無法引起任何人注意的物件，再翻修成很高級的建築物，然後以正常的市價賣出，如此獲得收益。有些甚至嚴重到可說是垃圾的水準或是只剩下鋼筋的程度。

每次看到這些物件在施工時，我都會告訴自己，以後我不要只是翻修老舊的建築物，乾脆從一開始就買地、蓋新的建築物才對。

然而，我只是下定決心而已，因為新成屋是一個全新的挑戰領域，如果要準備還是需要花費不少的時間。而且所謂的新成屋，雖然順利的話可以賺到一大筆錢，但相反地，若出現什麼閃失，損失的金額也會非常可觀，因此要格外慎重。

基於上述的原因，我無法立刻開始。某次有個偶然的機會，有緣接觸到建設公司的人，我便向他諮詢各類型的土地能蓋出什麼類型的建築物，以及能不能蓋出住家等，他都立刻回答我。他是這領域的專家，所以回答這類的問題對他而言是非

常理所當然的。

在我像這樣有緣認識一位專家後，能投資的房地產範圍就真的以很快的速度擴大。無論我接觸到哪種土地，他都能仔細地檢視，然後快速判斷。

因此，就像前面提到的，我才沒有錯過濟州島新成屋的時機，而是成功賺了一大筆錢。如果我要另外再學習那領域，就會花上更多的時間，也賺不了那麼多的錢。

而且我主要都是購買大部分投資者很排斥的老舊建築或複雜的房地產，所以每次最讓我費心的部分都是貸款。銀行必須要掌握物件價格才能審核貸款，不過每次要說服銀行負責人，讓他明白隱藏在這老舊建物裡的價值，都不是一件容易的事。然而，當我有一個好機會有緣認識清楚理解我的投資方式的貸款負責人後，不管是多尷尬的物件，都不用經過繁瑣的審核步驟，他都能直接以優惠的條件貸款給我，所以我的投資成果才會越來越好。

除此之外，我也需要裝潢業者能幫我徹底翻修老舊物件，需要仲介能幫我找到我想要的物件，甚至完成協商，也需要記帳士能事先規劃複雜的稅務，幫助我節稅，當我跟這些領域的專家之間的信賴關係越緊密，我的投資就能變得越輕鬆。

如果像這樣形成好的人脈，事情處理起來就會很輕鬆，尤其當我要擴大投入到一個全新的領域時，他們不只讓我變得輕

鬆，更重要的是讓我能快速地做出正確的判斷。

單憑一個人的能力無法做出大事，不過如果好幾個人聚在一起，把許多人的能力彙整起來，就會大上三四倍，擁有超凡的能力。

人脈的重要再怎麼強調都不為過。如果好好累積跟人之間的緣分，就能更輕鬆變成有錢人，變成有錢人之後也能更順利地處理事情。

不過，很多人都覺得累積人脈是很困難的事，這樣認為的人比你想得更多。尤其是像現在這樣強調個人的社會更是如此。我想要給這些人幾個累積人脈的好建議。

第一，總是要保持開朗。

所有關係的開始都是第一印象。每個人都有自己帶給別人的第一印象，有些人帶給別人的第一印象會讓人很想靠近，有些人帶給別人的第一印象則會讓人想拔腿就跑。

原因不在於錢多錢少，也不在於打扮，而是從你身上感受到的氛圍。就算是位高權重的人，如果態度傲慢或常皺眉，不管他有沒有錢，一定不會有人留在他身邊。相反地，雖然沒有很多錢，但總是很開朗的人，反而會讓人想靠近。所以在累積人脈之前該做的事就是要先讓自己變得開朗。成功就是從改變自己開始。

第二，平常就要送禮。

人通常都是在遇到某件事情的時候，也就是說，有請求的時候才會找自己需要找的人。如果在需要某人幫助的時機點提著禮物去找對方，對方看到這狀況後反而會覺得很有壓力。所以只在需要幫忙的時候送禮不僅不會受到歡迎，還會有反效果。

到目前為止，我看到許多事情的結果後發現，幫忙處理的人有沒有把那件事當成自己的事情來處理，會有很龐大的差異。

如果希望幫助你的人能把你的事情當成他自己的事情來處理，那麼平常累積兩人的情分是很重要的。只在請求幫忙的時候才出現的人，會讓人理所當然地覺得幫完忙之後，他就會消失。面對這種人，不會產生想要全力以赴幫忙的念頭。

如果想讓別人覺得你以後還是會持續出現，那麼該怎麼做呢？平常就要表達關心，而表達關心最簡單的方法就是送禮。不需要對送禮感到壓力。

因為只要你有用心，不論是送什麼都沒關係。可以送出你自己醃的泡菜或是自己種的蔬菜，也可以是你用心寫的卡片。小禮物反而會帶給人很大的感動。平時的小禮很容易獲得別人的好感，也有助於跟對方發展成摯友的關係。

第三，不要計較，真心待人吧！

參加婚喪喜慶的時候一定要真心祝福或是真心安慰。相較於在對方開心時陪伴，在對方最辛苦的時候陪伴，會讓他記得更久。這時的重點在於付出時不要計算之後對方會回報多少。通常人們在參加婚禮、葬禮或小孩周歲派對時，都會計算以後可以拿回多少，但我建議，在這種人與人的關係中，不要計算金額，而是大方地給予或餽贈吧！雖然你現在的付出看起來是你吃虧了，但實際上以後你會得到更多。

我就有過這樣的經歷，當我付出時沒有考慮那人的能力或是給我什麼報酬，後來出乎我預料的是，他竟然幫了我，讓我做到真的很大的事，這樣的事我經歷過好幾次。我希望你能牢牢記住，付出更多的人會獲得更大的成功。

第四，要懂得控制脾氣。

人生總會發生過幾次功虧一簣的狀況，那就是無法控制自己脾氣的時候。明明一直以來都為了成功而努力，好不容易爬到了山頂，卻往往因為無法控制情緒，在一夕之間毀掉過去所有的努力。大企業的董事長向員工施暴而遭起訴的事件，航空公司董事千金的堅果返航事件、食品公司董事長打警衛耳光的事件等等都是範例。不管再怎麼有錢、社會階級再怎麼高，也常常會在一夕之間落敗而變成罪犯。

其實只要花一點時間重新思考，就充分能理解那些事情，

但他們卻因為無法壓抑當下的情緒而演變成一樁大事件。

　　不論處在哪種狀況下都不該失去理性。不要因為一些小口角就大聲嚷嚷，無論何時何地都絕對不能動武。如果在跟對方交談時提高音量、控制不了脾氣，那麼他就是水準很低的人。有非常多的方法是能夠在不發脾氣的情況下，往我希望的方向說服對方。我希望你牢牢記住，施暴、辱罵絕對無法被視為正當的手段。

　　如果你正值血氣方剛的二、三十歲，那麼你到了四、五十歲的時候一定會突然體會到，自己曾經以為是正確答案的行為是錯的。

　　第五，不要詆毀別人。

　　輕易詆毀別人或是容易在別人後面說閒話的人，一定也會在某天對現在親近的人這麼做，靠近他的人會在不知不覺間發現這點，然後離他而去。數落別人時，一開始會讓聽者覺得「因為你跟我是同一邊，才會說這樣的話」，不過反過來說，也會讓人覺得「看來這個人如果到別的地方去應該會數落我」，然後跟他保持距離。

　　第六，到了最後一刻也要考量別人，展現出有禮貌的樣子。

　　水準很低的人會很用心經營第一印象，但真正的人生高手反而會更用心經營最後一刻，勝於第一印象。我看人的時候都

認為他在酒席間以及最後一刻展現的樣子才是他的真面目。因為第一印象是可以假裝的，但在酒席間和最後分開的時候會將他原本的人品展露無遺。人只會記得最後的樣子，然後一輩子都那樣認定。所以轉換職場時也要好好收尾，結束跟別人之間的關係時也要保持有禮貌的樣子直到最後。

我偶爾會看到有人在處理完我拜託的事之後就做出奸詐的行為。不過，如果在他做出那樣的行為之後還是需要他，就算很惋惜，我也不會再找他，因為要避免更大的損失。

最後，記得總是保持謙虛，不要小看別人。不論對方是誰都要尊重。要承認每個人身上都有比自己更厲害的部分，然後努力學習對方身上擁有的、自己需要的部分，這樣才能進步。要努力看見別人的優點而不是缺點。要尊重別人，別人也才會珍惜你。

✎ 致富小技術 36

在打造幸福的人生方面，最重要的就是人脈。

不論是誰，若真心待人、願意付出，就能自然而然累積好的人脈及關係。

03

要像專家一樣生活
才能成功

　　每個人這輩子至少一定要知道如何在自己投入的領域裡成功。很神奇的是，在自己的領域被推崇、獲得成功的人也能在其他領域成功。相反地，在自己投入的領域中抱怨環境、心懷許多不滿的人，就算離開那裡、進入別的領域，同樣也無法得到好結果。韓國俗話說：「在家漏水的瓢子出外也會漏。」這句話不是沒有道理。

　　這點光是聽他說的話也能輕易發現，失敗的人總是心懷許多不滿，不論什麼事都會先找藉口，總是忙著把失敗的原因推給別人或外部環境。而且這些人的特徵是，看到比自己更優秀的人就會沒來由地嫉妒和猜忌，然後去找那人身上可以詆毀的事情，說些沒什麼根據的閒話。

　　另一方面，成功的人不會找藉口，就算事情出錯，也絕對不會怪別人或是在外部找原因。他們會努力在自己身上找出失敗的原因，所以不管是哪方面失敗了，他們都會以那經驗為基礎，彌補自己缺乏的部分，而在最後獲得成功。此外，他們看

到比自己優秀的人時，不會嫉妒或猜忌，而是會先分析他的優點，然後積極學習，努力擁有那樣的優點。

變成有錢人的過程也是一樣。只是怪罪環境，心懷許多不滿的人很難變成有錢人。不過，在自己的領域中受到推崇的人，就算那只是一個像打工一樣微小的工作，也會更容易變成有錢人。

我舉個例子好了，假設你是一家公司的老闆，目前雇用A和B兩名工讀生來顧店。

A員工對客人很親切，也很努力工作。但這只限於你看得到的地方！只要你不在，別說是親切了，他根本不會好好服務客人，還把麻煩的工作都丟給同事。如果你沒有交代事情，他當然也絕對不會自己找來做。

另一方面，B員工不會只在你看得到的地方好好表現，連你不在的時候也是以一樣的態度忠實地執行業務。他對於工作有責任感，所以就連你沒有交代的事，如果他覺得有需要的，就不會嫌麻煩、喊累，而是會立刻動身去做，此外，即使客人沒有額外要求，他如果先觀察到客人需要些什麼，也會立刻給予協助幫忙。

如果你是老闆，你看到這兩個員工後會怎麼做呢？

先談另一件事，如果有人讀到這裡後心想：「你怎麼知道A員工只在你面前好好表現，在你背後卻做另一套？」你不用擔

心，你會這樣想是因為你沒有當過老闆。如果老闆真的在乎員工，就算沒有人告訴他，他也能猜到。不用一定要當過老闆，如果你曾經在公司認真做過管理職就不可能不知道。你問我，那麼開除像 A 員工這樣的人不就行了嗎？如果以那種原因裁員的話，到後來連一個員工也不剩了。我在這裡只是簡單描述 A 員工，你才會這樣覺得，但其實像 A 這樣的人比你想得還要多更多。

回歸正題，老闆在這種情況下應該會給 B 員工更多工作，B 的薪水就會逐漸增加。怎麼會有老闆不想要這種員工？B 做越多事情後就瞭解越多經營技巧，老闆也會想教導這種把公司的事當成自己的事情努力工作的員工，而 B 員工之後就能輕鬆跨越員工的層級，更輕鬆創業，減少犯錯（如果真的是這樣，老闆也會成為這位員工的好人脈）。這麼一來，B 就能因此更快速、更輕鬆進入有錢人的道路。

如果 B 是公司裡的一名員工，他甚至能在工作中理解同事或上司的心情，所以能在短時間內被公司認定，擔負公司中的重要職位，他晉升後也能理解老闆或員工的立場，所以之後只要他想要，他甚至能自己經營公司。如果你是他的老闆或上司，不就更想提拔這種員工，讓他更成功嗎？

像 B 這樣的人就是人們常說的「專家」。不管是什麼事，如果由像專家一樣的人來做，任何領域都能成功。就算是別人瞧不起或是酬勞很低的工作也是一樣（就像電視劇裡的主角原本

都很窮困、沒有人脈，卻因為誠實而獲得了成功。這種狀況在現實中也同樣發生）。

我對專家的定義是：對每件事都帶著「責任感」，重視跟別人之間的「約定」，習慣為別人「著想」，幾乎可說是已經內化的地步。我會以這三個標準來判斷他是不是專家。

我目前也正在經營兒童足球場，兒童足球場剛開幕時，我僱用一位曾經是足球選手的員工，並把足球場全權交給他經營，由他擔任園長。一開始我想：「只要請曾經當過足球選手的人來做，應該每件事都能做得好吧？」不過，我沒有花很久的時間就領悟到我誤判情勢。

在我僱用那位曾經是選手的園長之前，我透過推銷成功招募一百三十位兒童加入成為會員，但我雇用他之後，他並沒有妥善管理，導致兒童足球場的會員降到只剩六十位。他以自己當足球選手時所接受的訓練來訓練這些小朋友。

當會員人數減少時，他只是一直怪罪外部環境，抱怨家長不瞭解足球才沒看出他的實力等等。他找藉口說是因為足球場的地點不好，還提出無盡的要求，叫我要擴增設備，然後說如果幫小朋友做制服，小朋友就會對足球更有興趣等等，沒完沒了。結果一百三十位會員減少到剩六十位，後來只剩四十位，也許是因為責任感（？）或壓力，他似乎覺得這工作跟自己不合就離職了。

不過，他離職後，園長的位置只有空缺一天。我之前就一直在注意一名員工，後來園長的位置出現空缺後，我就讓這名員工當園長。我指派他當園長時沒有一點點的猶豫。你問我他能力有多強，我才會這樣嗎？他不是正職員工，只有在很繁忙的時候才會稍微過來幫忙，他只是一個一次領五十萬韓元的工讀生。

　　一開始我會注意到他是因為他做事的態度。這名員工工作時，表情總是很開朗，尤其在跟孩子們聊天或是運動時都是面帶微笑。面對家長時更突顯他的人品。

　　而且我因為工作的關係，無法常常去足球場，我去的時候也沒有事先通知，但我每次去看的時候都發現，他都是留到最後幫忙善後的其中一名員工。而且他做得非常乾淨俐落。

　　有次我認真觀察他怎麼整理，他不是隨便整理，而是會一直改變設施擺放的位置，邊整理邊考量如何改善孩子們的動線。簡直就是一個像老闆一樣的人！我在那時就立刻確定：「他不管做什麼事都會做得很好！」

　　所以我毫不猶豫地鼓勵他當園長。

　　「園長嗎？老闆，我又不是選手，只不過是一個喜歡踢球的人。我怎麼可能當園長……」

　　「你不是選手才更適合。我覺得你反而因此更能搭配孩子們的需要。」

　　沒錯，這位員工不是足球選手，只是個喜歡踢球的平凡

人，於是我更積極鼓勵他當園長。足球選手會按照自己以前所學的，認為孩子們絕對需要高強度的體能訓練或教育，但會來這裡的孩子並不是因為想當足球選手而來的，大部分都是把足球當成一種興趣，所以才會想學。想當選手的孩子早就已經就讀編制少年足球團的學校。因此，這裡的足球場不需要進行高強度訓練來栽培選手。

在我不斷勸說之下，他終於接下了園長的職務。

果然我的預料是對的。他在打工時期整理環境的樣子，並不是偶然間表現出來的，他是會邊思考邊做事的人。

「老闆！我們要不要推動一些教育，幫助孩子們提升足球實力，只要讓他們跟別人比賽時比別人厲害一點點就行了？而且我覺得可以擬定一些計畫，讓孩子們在課程之外的時間培養體力和社交能力，讓他們更加享受在比賽當中。」

我聽到他說的話之後，心想：「看來我以後不用再去足球場了。」他比我更先思考家長們把孩子送來足球場的原因，然後搭配那原因大膽地修改教育課程。

他每個月都會檢測孩子們的身高和跑步紀錄，然後通知家長們，讓家長們瞭解孩子的成長過程。孩子們沒辦法在家裡跑步，所以家長們收到孩子們在足球場檢測跑步的紀錄後當然沒有不被感動的道理。

而且他會監督教導孩子們的員工，也就是老師們，如果老

師沒有遵守教育守則，他就會隨時指導講師，連不是他親自教的學生，他也努力想要記得每個孩子的名字。

那結果就是，他在短短六個月，讓原先的四十位學生增加到超過三百位。

就像這樣，不管是什麼時候做什麼事，都要做得像專家一樣才行。

我也有聽過一個故事，有位替銀行高層開車的司機因為忠實地工作，而被高層特別提拔，後來晉升到分行行長的案例。

變成專家就是成功的捷徑，雖然成果不會立刻出現，但終究還是會成功。不要忘記，做任何事情都要帶著責任感，而且一定要守約，懂得為對方著想，這都是專家會做的。雖然沒有人看到，但如果在自己現在的崗位上像專家一樣思考並行動，那麼一定會看到好結果。

┤ ❖ **致富小技術 ㉗** ├──────────

自己要變成真正的專家才能遇見專家。

成為專家並不是很難的事，但世界上的專家並不多。也就是說，成功並沒有那麼難。

04 ——————
所有問題得親自解決

　　成功並不是由遇到許多好機會的人獲得的，而是順利克服難關的人獲得的。我常常對學生強調這句話，這也是我在這本書的開頭強調精神的原因。其實我都不是一次就直接達成目標。過程中總是會發生意想不到的問題，我都是——解決變數來處理問題的。

　　成功的人跟無法擺脫平凡的人在遇到問題時會有非常顯著的差異。先說結論，成功的人更擅長解決問題，但難道是因為他們比較有能力嗎？並不是。關鍵在於面對問題的態度的差異。成功的人在遇到問題時不會遲疑，而是會立刻處理，試著找出答案，但普通人傾向於迴避問題。

　　以我的經驗來看，發生問題時不要逃避，而是積極處理，反而能更輕鬆解決。與其透過文件判斷問題，親自跟當事人見面談談更能清楚掌握原因，找出原因後勢必能更輕鬆找到相關的答案。

　　我曾經買過一棟在公家機關附近的七層樓法拍屋。位置不

錯，價格卻非常便宜。因為法院提供的物件調查資料裡面記載，雖然是七層樓的建築物，卻只有三個停車位。很難讓每層樓都分到一個車位。對店家來說，停車位絕對不夠，別說是承租人，對於來造訪各層樓的客人也相當不方便，理論上不可能會有人想要承租。

這棟建築物除了停車位不夠之外，沒有其他的問題。我開始苦思，該如何解決停車位的問題呢？如果增加預算，蓋出機械式停車場，雖然能在狹窄的土地往上蓋出更多停車位，但花費比我想像得還高，效率不佳，而且面積也不夠。這個問題從文件上看來似乎找不到解決辦法。

我立刻奔向現場。我環顧一周後發現在這建築旁有個非常老舊的建築物，看起來是閒置中的空房。那老舊的建築物是組合屋，由於閒置已久，幾乎已經喪失了建築物原有的價值。組合屋建築物佔地面積看起來遠超過二十坪，我覺得七樓的建築物所在的狹窄土地加上這塊土地後，應該可以停放超過十五台的汽車。在我不斷向周圍的人探聽後，終於找到這個老舊建築物的所有權人，於是我就前往所有權人的地址，親自拜訪他。

「老先生您好！我來找您是為了要詢問您持有的那個建築物。」

「怎麼了嗎？我的建築物有什麼問題嗎？」

「沒有問題。是因為我想要使用那裡。」

「那麼老舊的建築物要拿來做什麼用？」

　　我並沒有告訴他，他的建築物就位於我所購買的建築物旁邊，因為如果他知道我非買不可，他就可能會要求高於市價的不合理的價格。於是我開門見山地問。

　　「老先生，不知道您有沒有想過要拆毀那個建築物呢？現在您沒有使用，看起來也沒辦法順利出租。」

　　「不是啦！我沒有想要賣掉，我要給我兒子繼承，所以才留在那裡。如果你是來買的就請回吧！」

　　「我覺得現在的建築物並沒有被妥善使用。如果您用好的價格賣給我，您的兒子就可以買更好的物件來繼承，這樣不是更好嗎？」

　　「沒那種事！我不會賣。」

　　「好的，我已經充分瞭解您的意思了。那麼請您租給我。」

　　「那麼老舊的建築物要拿來做什麼？」

　　「我自己會想辦法，不過請您跟我簽十年的合約。它到現在都還是空屋，我覺得您的兒子應該也會很開心。」

　　「我才開心吧！不管你是要幫我修還是要做什麼都隨你便。」

　　我就這樣跟這位老先生簽約，以押金五百萬韓元和每月租

金三十萬韓元的條件租下了這個建築物，簽約時還特別加入一項條款「建築物拆除亦可」，於是我立刻拆除建築物，把這塊土地加上那棟七層樓建築物所在的土地一併打造成一座停車場。之後整體看起來就像一棟建築物的附屬土地，七層樓的建築物看起來非常氣派。當我弄出這樣的停車場後，開始有人有意願承租，三個月後就全都租出去了。雖然我為了弄出停車場而投資五百萬韓元，每個月還要支付三十萬韓元的土地承租費，卻讓這棟七層樓建築物的出租變得容易許多，也能收取高一點的租金，以結論來說，益處多上更多。

如果我想要單憑書面資料來判斷並解決，應該到最後都無法解決停車場的問題，只能拱手讓出這棟建築物。不過，因為我去現場看，親自在附近繞繞而找到了解決方法，所以才能獲得最棒的成果。

就像這樣，如果親自處理，你就會意外地發現很多答案是能輕鬆得到的。希望你一定要牢牢記住，只有不放棄、親自處理並解決的人才能抓住機會。

✎ 致富小技術 ㊳

人們覺得不可能的事情中，真的有很多事情是能解決的。

問題發生時，平凡人會想要逃避那狀況，但成功的人會親自處理、找出答案。

無論是什麼問題，面對問題的態度永遠都是最重要的。

理解自由市場操作的人會成功

儘管我們生活在資本主義的社會中，但實際上無法在學校中學到能在資本主義市場中成功的方法。所以許多學生僅把生活方向定為找到好工作，這樣的社會結構讓所有人從學校轉換到職場之前，都不得不為了進入窄門而展開激烈的競爭。以某方面來看，說學校是挑選出很會念書的學生的地方也不為過。

不過，就像我前面所強調的，人生的成功並不取決於你選擇的職業。有些人雖然書念得不好，但他們在很多方面確實做得比別人更好，然而他們都無法被發掘那些才能，所有人都被關在同樣的跑道上競賽，這樣的現實真令人惋惜。

之所以會出現這種所有人執著於同樣跑道的現象，就是因為大部分被關在跑道上的學生、在那跑道上的老師，以及看著這場競賽的家長都不太瞭解資本市場的緣故。

我在寫這本書的時候想到我人生最辛苦、最徬徨的那段時期。我還是大學生時並沒有體驗過冷酷的現實，可是到了大

四,為了準備就業而開始接觸臨到我面前的現實社會,那時一陣不安襲來,我不知道自己的未來究竟會不會順利。再也沒辦法期待父母給予經濟上的協助,而且書也沒有念得很好,因此我開始擔心,到底我要找什麼工作、到底能進入哪間公司,但是不管再怎麼苦惱,前途依然一片漆黑(某方面來說,我覺得成績不上不下的人是最尷尬的)。

　　憑著大學四年來準備的履歷還是無法找到工作,所以我帶著半隱居的心情到非首都圈的夜店工作,說實在的,心裡非常惆悵。其實原本覺得有機會去公司上班,所以這輩子第一次花錢買了很昂貴的西裝,但我連一次都沒有穿過就到夜店這種娛樂場所上班。這件事我只告訴幾個比較熟的好朋友,而且因為怕其他同學知道會很丟臉,所以連畢業典禮也沒有勇氣參加。我甚至還想過,如果早知道會在這種地方上班,從一開始就沒必要付那麼貴的學費、花那麼多時間讀大學,乾脆就從那時候開始存錢。

　　不管怎麼說,我就開始在夜間娛樂場所賺錢了。後來我對經濟感興趣,找了一些相關的書籍來看,才漸漸理解資本主義的使用說明書,在那之前我都無法找到我人生的方向。

　　我到現在還記得我一個人體會到這件事情時有多心痛。當初是帶著逃避現實的心情躲進夜店工作,但後來我覺得一定要盡早脫離。看看身邊的人,大家都接受自己現有的環境認命地

生活，好像只有我一個人為了擺脫現實而拚命掙扎。

　　我曾經想過，人生哪有什麼特別的，反正又不是賺不到錢，要不要乾脆跟別人一樣揮灑青春、享受現在呢？就連結婚生子，過著平凡的日子也真的很不容易了……等等。儘管那只是我當時自言自語說的話，但以某種角度來看，現在的年輕人不是也這樣說嗎？

　　我在寫這本書的時候，回顧過去那個正值徬徨時期的我。如果你身邊也沒有人可以建議你往後該怎麼生活，我想要透過這本書幫助你從辛苦又黑暗的現實隧道中脫離出來，也想要提供給你能在這世界上成功的資本主義使用說明書。這就是我寫這本書時最深層的真實內心。

　　我不希望只是單純出一本書，我想要聽到許多人說，他們看了這本書之後改變了生活。就像曾經是極為平凡，不，應該是比平凡還更貧窮的我，看了許多書之後過上有錢人的生活一樣，我希望這本書能成為許多人改變的開端，讓大家真實地檢視自己現在的樣子，翻轉平凡的生活。

　　我認為讀者讀這本書時光是體會到我想傳達的重點訊息：「原來只要努力就真的能變成有錢人啊！」、「原來要變成有錢人需要──創造金流啊！」也足以改變人生了。如果這本書能讓你對於有錢人的道路從懷疑到相信，也對於往後該如何設定方向、該準備什麼畫出了大藍圖，那麼這本書就達成它的任務

了。我非常想要讓讀者們的心重新變得炙熱，不僅僅是感動，還能付諸實踐。最重要的是，要確信這方法，立定堅定的心意後開始挑戰三年。

只要掌握原則，成為有錢人就勝券在握

我靠投資房地產獲得龐大的成功，也透過許多創業獲得成功。不過，請讀者不要因為我沒有在書中詳細道出投資房地產或創業的相關技術就失望，只要掌握原則，就有九成以上的成功機會。

如果你想要有系統地學習房地產，那麼你可以進入韓國網站裡的「幸福理財」社團，加入後不要只是讀專家的專欄，也讀讀許多會員的實際經驗分享。

相信你透過前輩以及現在正走在這條路上的許多會員們的文章，更確信自己走在有錢人的道路上，不僅如此也能熟悉學習投資的方法和累積財富的方法。

學習房地產並非相當困難的事，只要下定決心學習，就能在一兩年內得到穩定的收益，而且我強烈推薦你也試著學習投資法拍屋的基本。就算沒有真的要投資，只要學過法拍技巧，你也會覺得自己正在學習能守護自己珍貴資產的方法，這些知識能讓你一輩子都受用無窮。

此外，關於創業的部分，只要理解這本書介紹的幾個原則、確認哪些事業能運用這些原則，這樣就行了。

　　我沒有具體地在書上舉出各種創業的案例，是因為我擔心讀者們會受限於此。近年因嚴重特殊傳染性肺炎（COVID-19），對應出許多自助化機器的出現，往後社會將會以極快的速度產生變化，能發展成事業的項目也到處都是，我並不樂見讀者們被我介紹的案例的框架限制住。如果持續觀察需求，就充分能掌握值得發展成事業體的機會。

　　我也沒有只停留在我目前為止做過的事業上，往後我也會逐步往不同的事業擴展，也會不間斷地構思新的事業。我創業越久越感受到將來事業會走向精緻化、收益會走向極大化。

　　創業的優點是單憑一個項目也能獲得龐大收益。如果你能創造出每個月都有穩定金流的事業體，就能以極快的速度累積財富。

　　經營事業最重要的一點就是，只要理解人，就能成功。就像問題的答案總是在對方身上一樣，經營事業的答案總是在顧客身上。必須一直苦思顧客真正需要、要提供什麼才能滿足顧客，這樣就不會失敗。

　　如果你多逛逛經營成功的事業，也跟許多成功人士見面，聽取他們的建議，這樣就能大幅減少失敗。在韓國網站上「事業的神」的社團裡，不只看得到創業相關資訊，也有許多第一次投入創業後逐步成功的人的故事。

閱讀前人的經驗來獲得間接經驗會帶給你很大的幫助，這道理也適用在學習創業上。

　　如果積極面對一切，然後逐一準備，就一定能獲得好的結果。只不過我希望你不要追求金錢，而是能在累積財富時成為充滿人情味的溫暖的人。

你的決心會左右成敗結果

　　在成功這方面，我最強調精神。因為隨著心態的不同，有可能連小事都做不到，也可能做到真的很偉大的事。我們可以透過一個案例來窺探精神會影響一個人多少。

　　在1979年美國某個偏僻鄉下社區裡進行過一個實驗。實驗單位選出平均年齡超過七十五歲的八位男性，要求他們假裝自己搭時光機回到二十年前，也就是自己還是五十歲的時候。他們所住的空間裡完全按照二十年前的景象布置，裡面有他們二十年前穿的衣服、當年的身分證，以及當時流行的室內裝潢。結果變得怎麼樣呢？

　　實驗開始後還不到一週就出現驚人的變化。這些參與者在實驗前活動都不太方便，卻在短短幾天內改善姿勢、握力變強，連記憶力和視力都進步了。在沒有任何的醫療行為下，只是讓他們心裡認為自己年輕了二十歲，並且提供這樣的環境，

就出現驚人的結果：連身體都變年輕了。

我們的內心就是能如此完美地支配身體。光是如何思考、如何決定就可能活得比別人年輕許多。

變成有錢人也是一樣，所以最重要的是要確信自己能變成有錢人。只要在這條路上跨出每一步時都帶著確信、沒有放棄，就能過上比之前更好N倍的生活。

當你的心志變得軟弱時，我希望你能反覆咀嚼這本書上，提到的造就出強韌精神的方法以及克服低潮的方法，來讓自己變得更堅強。人生在世，最重要的是如何思考。我希望你帶著只要努力就「一定做得到」的確信前進，將你的夢想化為現實。

我認為，真正評斷一本書的標準不在於出版後能不能變成暢銷書，而是有多少人能透過這本書改變人生。期許這本《3年賺千萬的技術》能受讀者長期愛戴，成為資本主義市場的使用說明書。

將來也會再發生像嚴重特殊傳染性肺炎（COVID-19）這樣的大危機

將來，我們還會再持續經歷劇烈的環境變化，而非平穩的生活。現在已經跟過去戰火四起的時候不同，世界各國常一同

參與許多如奧運或世界盃等活動，看似和樂融融、形成一個共同體，但其實仔細看看內部會知道並非如此。強國每年都買進武器，研發新型武器來增強軍力，此外在各國領土邊界上像韓國獨島這樣的地方，紛爭並沒有消減。儘管目前沒有爆發大事件，但這些都是往後將會引發不安的因素，再加上全球都經歷了這次的嚴重特殊傳染性肺炎（COVID-19）。然而專家異口同聲地說往後還會持續爆發像這樣的變種病毒。

房地產領域到目前為止也是一樣，不僅是持續的牛市和熊市，還有金融危機，甚至是病毒。尤其像2008年的金融危機和2020年的嚴重特殊傳染性肺炎（COVID-19），一旦發生這種沒有人預料得到的狀況時，許多人雖然持有房地產，財產還是虧損，而且航空、觀光、自營業者中，許多一直以來工作穩定的人都在短短幾個月內丟了飯碗。

往後我們的生活也會因病毒而急遽改變。在這種巨變的時機，失業者會大幅上升，造成富者越富、貧者越貧。

我們當然希望未來不要再遇到這樣的狀況，但肯定會有的。氣候變遷引起的自然災害也是急遽增加，所以現在就該保護自己。

要像有錢人一樣思考，像大企業一樣思考。我總是把目標放在更大的事情上，我是這樣思考而一階、一階爬上來的。我並不是不知道我正走向哪裡，而是先描繪出我將會爬升的位

置,然後到達那裡。走在看不見前方的道路上時,心理會覺得很吃力,但如果能走在輪廓清晰的路上,腳步就能變得輕盈。

「只要有錢,連壽命都可以延長」這樣的時代正加速到來。拜醫療技術的發達所賜,人們能夠事先預知自己在未來可能會面臨的疾病,長壽不是不可能的。也就是說,只要有錢甚至想活多久就能活多久。在這樣的時代中,如果生活還是只能被金錢制約,就是更令人惋惜的事了。

我真的從很久以前就想寫這些內容了。當這些內容編輯成冊出版問世時,我心中百感交集。這跟我之前所寫的四本關於投資方法的書都不一樣。為了讓讀者群能更廣泛,從大學生、上班族到老年人,為了讓所有人都能在讀了之後有所領悟,我不知道反覆寫了又改了幾次。這並不是為了出版而出版的書,是我這輩子非常想寫的書,所以我真的花了很多時間才寫完。

就像前面提到的,對於所有迫切想變成有錢人、過著自己夢想中的生活的人,我期望這本書能成為你們的明燈,照亮你們所走的道路。如果你能透過這本書將過去平凡的思維轉換成能變成有錢人的思維,那麼你一定能過上更好的人生。

請認真計畫三年內達成的目標

最強行業

創業投資×經營管理×生產開發，贏家必讀！
未來10年改變世界的100家企業之創新技術與服務

作者│Nikkei Business　譯者│李青芬　定價│450元

本書帶你站在最前線，一窺16大產業領域100家最強企業的全貌，從產業核心價值、經營策略行動、科技應用方式、到創新服務的優勢所在，讓你快速掌握變動世界中的「不敗」關鍵——無論是尋求「入對行」的上班族、想成功創業的經營者、還是希望「穩賺不賠」的投資人，這本書，絕對是你不能不看的未來生存作戰指南！

如何在FB、YouTube、IG做出爆紅影片

會用手機就會做！日本廣告大獎得主教你從企劃、
製作到網路宣傳的最強攻略

作者│中澤良直　譯者│胡汶廷　定價│399元

你知道現在是「社群媒體」的時代，但長期經營的FB、YouTube頻道、IG總是沒人看？片行銷，是現在「最便宜」且「最具威力」的行銷工具！日本資深廣告總監首度公開，快速啟動「顧客購買慾」的影片製作技巧，零基礎也能做出「引導馬上下單」的行銷短片。不需要專業團隊、不用懂攝影器材、不必學行銷知識，只要手中有智慧型手機，你也做得到！

自我時代 優勢練習

成長，成事，成為極少數！
更要成就自己的6堂行動蛻變課

作者│帥健翔　定價│399元

寫給所有「認為自己沒有天賦」而焦慮、想逃避的你，一套「不誇大、好執行」的優勢練習法。
◎Super教師、暢銷作家│歐陽立中、矽谷創業家│矽谷阿雅、閱讀人│鄭俊德、《超級演說家》冠軍│劉媛媛，一致盛讚推薦！
◎「這本書讓我活成自己想要的樣子」，99.9%讀者同感好評

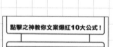

百萬點擊的寫作法則

點閱率破7億！點擊之神教你文案爆紅10大公式，
從吸睛標題到不敗主題一次搞定！

作者│慎益秀　譯者│陳思妤　定價│360元

金牌文案團隊的「百萬點擊寫作技巧」首度公開！
不需要從頭培養文字力、不用花大錢學行銷寫作，
無論你是零基礎、還是資深寫手，只要翻開書、套用流量公式，
都能寫出讓人心癢難耐的熱門金句，輕鬆突破百萬點閱率！

人人都學得會的 App Inventor 2 初學入門
【附 APP 專案範例檔】

17 個專案實戰演練，從娛樂學習到生活應用，
自學 APP 設計一本搞定！

作者｜贊贊小屋　　定價｜420 元

自學 APP 設計不求人！零基礎也學得會！本書一步一步教你怎麼
做！大 AI 時代，賈伯斯、比爾・蓋茲、馬克・祖克伯都主張：
「每個人都該具備程式設計的能力！」從認識 App Inventor 2 介面
到學會透過 App 匯入與匯出雲端資料，搭配 17 個基礎到進階專案
練習，讓你神速開發出你的第一個手機 App！

圈粉百萬的故事法則

會說故事的人，先成功！
美國演說女王教你用十個簡單祕訣抓住聽眾

作者｜唐娜・諾里斯　譯者｜楊雯祺　定價｜320 元

故事革命創辦人／李洛克・華語首席故事教練／許榮哲・
SUPER 教師、暢銷作家／歐陽立中——重磅推薦！
★美國亞馬遜讀者 4.5 星高分評價★
有聲媒體 YouTube、Podcast、Clubhouse 當道的時代，
想要經營個人品牌，你要先學會如何說出一個吸引人的好故事！
本書教你用十個祕訣打造好故事。一開口，全世界都想聽你說！

這樣帶人，解決 90% 主管煩惱

8 大職場面向×47 種情境難題，
培養管理者領導力，創造高效互信團隊的實戰指南！

作者｜朴鎮漢等九人　譯者｜葛瑞絲　定價｜380 元

★韓國 YES24 讀者滿分好評★
跨界 CrossOver 創辦人少女凱倫、筆記女王 Ada（林珮玲）
——推薦給所有茫然又鬱悶的菜鳥主管們！
第一本集合九位精通「領導力」開發與培訓的專家，為總是孤軍
奮戰「解決下屬麻煩、提升團隊績效、面對老闆壓力」的你，寫
下身為「新時代團隊領導人」真正需要的工作指引！

每天準時下班的超強工作術

日本效率專家帶著你突破常見十大工作難題，
從此不拖延、零迷失、零挫折

作者｜澤渡海音　譯者｜方吉君　定價｜299 元

永無止境的加班，究竟是「企業文化」，還是你自己的「職業心
病」使然？日本資深職場問題改善專家——澤渡海音，透過剖析
「人性習慣」挖掘「問題根源」，全面拆解「被同事陰著來、被工
作追著跑」的十大原因，提供你「按照計畫、適時調整、交流建
議」的準時收工招式。成功突破盲腸、掙脫「事情永遠做不完」的
泥沼，從此擺脫「待在公司回不了家」的宿命！

台灣廣廈 國際出版集團
Taiwan Mansion International Group

國家圖書館出版品預行編目（CIP）資料

3年賺千萬的技術：有錢人教你「通往財富自由的關鍵原理與實踐
方法，高效累積被動收入」，翻轉薪貧人生！/宋熹昶作；葛瑞絲譯.
-- 初版. -- 新北市：財經傳訊, 2022.02
　面；　公分
ISBN 978-626-95056-8-5
1.成功法　2.財富

177.2

110021001

財經傳訊
TIME & MONEY

3年賺千萬的技術

有錢人教你「通往財富自由的關鍵原理與實踐方法，高效累積被動收入」，翻轉薪貧人生！

作　者 / 宋熹昶		編輯中心編輯長 / 張秀環・編輯 / 陳宜鈴	
翻　譯 / 葛瑞絲		封面設計 / 何偉凱・內頁排版 / 菩薩蠻數位文化有限公司	
		製版・印刷・裝訂 / 皇甫彩藝印刷有限公司	

行企研發中心總監 / 陳冠蒨　　　　線上學習中心總監 / 陳冠蒨
媒體公關組 / 陳柔彣　　　　　　　產品企製組 / 黃雅鈴
綜合業務組 / 何欣穎

發　行　人 / 江媛珍
法 律 顧 問 / 第一國際法律事務所 余淑杏律師・北辰著作權事務所 蕭雄淋律師
出　　　版 / 財經傳訊
發　　　行 / 台灣廣廈有聲圖書有限公司
　　　　　　地址：新北市235中和區中山路二段359巷7號2樓
　　　　　　電話：（886）2-2225-5777・傳真：（886）2-2225-8052

代理印務・全球總經銷 / 知遠文化事業有限公司
　　　　　　地址：新北市222深坑區北深路三段155巷25號5樓
　　　　　　電話：（886）2-2664-8800・傳真：（886）2-2664-8801
郵 政 劃 撥 / 劃撥帳號：18836722
　　　　　　劃撥戶名：知遠文化事業有限公司（※單次購書金額未達1000元，請另付70元郵資。）

■出版日期：2022年02月
ISBN：978-626-95056-8-5